Despertar o Divino

Despertar o Divino - 1ª. Edição

Dados Internacionais de Catalogação na Publicação (CIP)
(Câmara Brasileira do Livro, SP, Brasil)

Lopes, Lídia
Despertar o divino : uma jornada de 31 dias / Lídia Lopes, Raissa Barros. -- São Paulo : Instituto Life Coaching, 2021.

ISBN 978-65-992712-3-6

1. Autoajuda 2. Desenvolvimento pessoal 3. Meditação 4. Mudança de comportamento 5. Planejamento I. Barros, Raissa. II. Título.

21-78229 CDD-158.1

Índices para catálogo sistemático:

1. Mudança de atitude : Psicologia 158.1

Aline Graziele Benitez - Bibliotecária - CRB-1/3129

ISBN: 978-65-992712-3-6
9 786599 271236

INSTITUTO LIFE COACHING

www.institutolifecoaching.com.br

loja.institutolifecoaching.com.br

@ilccoaching

Agradecimentos

Agradeço, do fundo do meu coração, ao Criador de tudo por todas as dádivas que recebo na vida e pela oportunidade de inspirar pessoas a despertarem o divino que há dentro delas.

À minha família, que sempre me deu força e incentivo, pronta a apoiar e vibrando com cada conquista. Aqui, um agradecimento especial ao meu filho Gustavo pela bênção da sua existência e amor incondicional.

E, por último, um agradecimento cheio de gratidão à minha prima Raissa Barros por todos os esforços e dedicação em garantir que este livro se tornasse real.

Gratidão a todos os envolvidos!

Lídia

Agradeço ao Criador por todo aprendizado e pelos presentes e oportunidades que tenho recebido, em especial, esta de compartilhar um pouco do que aprendi.

À minha família, que me apoia e me incentiva. Eles estão sempre compartilhando e vibrando com cada conquista.

Agradeço aos meus amigos, pessoas que participaram desse despertar e que compartilharam boas vibrações comigo.

Gratidão à minha prima "Li" (Lídia Lopes), pela parceria neste livro, um trabalho maravilhoso!

Gratidão!

Raissa

Prefácio

Por Mario Henrique Meireles

Despertar o divino! Que audácia maravilhosa foi o meu primeiro contato com aquele perfil do Instagram há muitos anos.

Um perfil dotado de uma ousadia digna de um ser conectado e nutrido pela Fonte!

Somente quem entende sua natureza divina é capaz de se sentir seguro e competente o suficiente para incitar nos outros essa descoberta interior através das grossas camadas do sistema ego-mente-vaidade até a essência espontânea presente em cada indivíduo.

Movido por essa admiração, conheci a Lídia e, posteriormente, a Rai, lindas manifestadoras deste livro e deste processo que está prestes a florescer dentro de você.

Sou grato, porque pelo que aprendi – e foi muito - com as autoras deste livro, e neste exato momento, sinto que este livro já começa a despertar o divino em mim.

Sinto gratidão a cada toque dos meus dedos no teclado. Sinto a presença de uma energia pura guiando minhas palavras. Escuto a intuição de forma tão clara que é preciso me segurar para não responder em voz alta instintivamente.

O maior benefício desta leitura está em encontrar um novo mundo dentro do seu já existente. Uma nova vida dentro de sua atual vida. Um novo nível de prazer dentro de sua própria realidade.

É como a inevitável leveza que sentimos em nosso entorno, no ar e no ambiente, depois de uma boa faxina em casa com uma bela limpeza das janelas!

Com janelas mais limpas, temos mais luz, clareza e nitidez para enxergarmos tudo o que se encontra ao nosso redor e, principalmente, para ver as coisas que estão "do lado de fora", reconhecendo sua integração e sua conexão, porém compreendendo a sua individualidade.

Essa sensação é poderosa. Tão poderosa que te transforma e faz surgir, bem diante de seus olhos, um verdadeiro paraíso na Terra!

Mostra o quão fácil é se viver o que um dia já pareceu impossível.

E assim é o potencial do amoroso poder Divino. É TOTAL!

Esse pleno poder, que tudo pode, habita em você!

É hora de despertá-lo.

Desejo-lhe uma divina leitura,

Mario Henrique Meireles
(São Paulo, Julho 2021)

Apresentação

Estamos muito felizes em ter você aqui! Este é um momento muito especial!

Estar aqui, por si só, já significa que você quer melhorar, expandir, viver uma vida melhor. Esse é um desejo genuíno! Vamos te ajudar a despertar o divino, o melhor que há dentro de você!

Você sabia que alterando os nossos pensamentos, emoções e intenções podemos mudar a nossa realidade e mundo à nossa volta? E partindo da premissa de que somos nós que projetamos a nossa realidade, podemos afirmar que não dependemos de nada externo para sermos mais felizes e termos vida com felicidade, tranquilidade, prosperidade e abundância. E é abundância de tudo: felicidade, amor, paz, saúde, dinheiro, entre tantos outros. Pra isso, existem alguns detalhes que, às vezes, passam despercebidos, mas sobre os quais falaremos aqui neste livro.

É importante que você entenda, desde já, a responsabilidade que você tem por si mesmo e por seus sentimentos, é isso que faz vibrar! Caso você fique desconfortável, apenas continue, porque esse desconforto é o seu antigo "eu" querendo ficar no mesmo lugar, no mesmo cantinho, onde nada acontece. Algumas pessoas esperam por algum acontecimento ruim em suas vidas para iniciarem esse processo de despertar, algumas chamam até de crise, mas não precisamos aguardar nossas vidas ficarem ruins, ou acontecer algo, para mudarmos. Se você estiver assim, fique tranquilo, porque vamos juntos neste caminho. Com as ferramentas corretas, você pode, sim, realizar a administração das suas emoções e não mais se limitar.

Nossa sociedade foi construída em uma base muito pobre de pensamentos de controle e conflito. As pessoas querem poder, são impostas desde pequenas a pensar, impostas a definir o que ser quando crescer e programadas a serem melhores do que o "vizinho". E poder ser somente um ser humano muitas vezes é esquecido. Importante mesmo é você saber que nasceu para ter uma vida plena, repleta de amor e de tudo que há de bom. Muitas pessoas falam sobre "pessoas quebradas", mas, na verdade, faltam apenas algumas habilidades ou conhecimentos, você é incrível!

E você precisa tornar-se o administrador dos seus pensamentos. As ferramentas que serão apresentadas, neste livro, não serão apresentadas somente para você as conhecer, esteja decidido a repeti-las quantas vezes forem necessárias para que o seu corpo se transforme. Sabe o que é melhor ainda? Você já tem tudo de que precisa para iniciar esta jornada. Está em você! Esse poder está dentro de você! Só é necessário despertá-lo, e isso trará o seu melhor.

Vamos lá!
Desperte o divino!

O que devo levar e o que eu devo deixar nesta jornada?

Vamos imaginar: eu sou uma especialista em trilhas e sempre faço caminhadas por montanhas, mas você nunca realizou esse tipo de atividade e eu lhe convido. Quais serão suas perguntas?

O que eu levo? Que tipo de roupa usar? Essa mochila é muito grande?

E eu, que já passei por algumas boas aventuras, tiro suas dúvidas.

Esta jornada do despertar é igual, e vamos te auxiliar com alguns itens que você deve levar ou deixar. Vamos começar?

Dica 1

Deixar todo sentimento que vibre baixo e toda crença limitante. Vamos limpar! Pode ser que agora você não entenda muito bem, mas crença limitante é tudo aquilo em que você acredita, mas te limita, por exemplo: muitos de nós colocamos algumas verdades como absolutas, por exemplo: "minha família toda é assim e por isso me comporto assim" ou "não nasci para isso". Com esses pensamentos, você se limita, por isso é importante que você observe mais. Quais comportamentos estão te limitando? E por que isso é importante? É como quando estamos limpando ou reformando uma casa, é necessário jogar o lixo fora, porque só assim teremos mais espaço e possibilidade de organização. Por vezes, a mente está cheia de crenças limitantes e isso impede o seu crescimento. No final do livro, há uma lista com algumas crenças limitantes e com os sentimentos de baixa frequência, a qual você poderá consultar para entender o que pode estar acontecendo dentro de você.

Dica 2

Já ouviu dizer que "a repetição é a chave da retenção"? E é verdade! Não faça as ferramentas apenas uma vez. Repita quantas vezes e quais quiser. Teremos várias ao longo deste livro e todas têm um grande poder transformador. O importante é você analisar qual funciona mais com você e, provavelmente, terá mais de uma. Aproveite para se conhecer melhor. E caso você se analise e chegue à conclusão de que limpou o sentimento de culpa em 2 dias, por exemplo, você pode considerar que superou essa fase e passar para a próxima.

Dica 3

Estamos falando de você e isso é muito especial! Cada ser humano é único e apesar de muitas pessoas terem a impressão de que são apenas mais uma pessoa no mundo, isso não é verdade, pode parecer bem clichê, mas você já nasceu vencedor. Se fosse outro momento, outro dia, seria outra pessoa, então você é especial. Até hoje, nenhuma máquina, com toda a tecnologia já existente no mundo, é capaz de replicar a mente humana. Estudos mostram que a mente humana armazena mais de mil terabites. Os computadores jamais terão insônia e crises, porque funcionam em modelos muito simples, agora, a mente humana é uma ferramenta extremamente complexa. Não se diminua, se você gasta tempo estudando diversas ferramentas mais simples do que a sua mente, reserve tempo para entendê-la. As visualizações que ensinaremos são indicadas para serem colocadas em prática por, em média, 20 minutos a cada vez, e é aconselhável que se faça pela manhã e que se repita à noite.

Dica 4

Os exercícios podem ser realizados na posição deitado ou sentado com os pés no chão. Você deve ficar confortável, pra isso, coloque uma música, uma música instrumental e com boa vibração ou até mesmo sons binaurais.

Dica 5

Começar todos os exercícios com o controle da respiração: inspire contando até 7, segure contando até 7, solte o ar contando até 7, segure o pulmão vazio contando até 7, repita essa sequência por 10 vezes e, com isso, sua mente entenderá que você está dormindo. Essa é uma das formas de acesso à sua mente de hábitos.

Dica 6

Tudo é energia e vibração! Tesla disse isso e é lindo, porque podemos mudar a nossa vida mudando a nossa energia, e não estou falando de nada místico, isso é ciência. Que tenhamos consciência de que atraímos mais daquilo que vibramos. Se eu vibro no amor, vem mais amor, se dívidas, vêm mais dívidas também. Você já tentou ouvir uma rádio, que funciona por meio de onda e frequência, mas colocando em outra? Por exemplo, você quer ouvir a programação da 98.1 FM, mas pra isso, você sintoniza na 97.6 FM. Acredito que você nunca tenha tentado fazer isso com a rádio que quer escutar, mas por que fazemos isso na vida? Eu penso em dívida o dia todo e quero atrair dinheiro, eu penso no quanto não gosto de alguém, mas quero muito amor e boas pessoas ao meu lado. Será que vou conseguir o que quero dessa maneira? Lembre-se: você atrai aquilo que você vibra.

Dica 7

Em qualquer situação, pense sempre na melhor possibilidade! Comprometa-se com isso todos os dias. Treine sempre para pensar no melhor que pode acontecer e não no pior. Essa é uma mudança que pode levar um tempo, é um novo hábito e pode demorar dias ou meses para você se adaptar. Imagine que você esteja domando um cavalo selvagem, no início, será difícil subir nele e quando você subir, possivelmente, ele vai tentar lhe derrubar, mas continue. Esse é o processo de deixar o corpo tão bom quanto a sua mente. E quando você saberá que conseguiu? Existe um prazo? Não existe prazo, cada pessoa e cada hábito tem um tempo próprio, por exemplo, você tem o hábito de escovar os dentes para dormir? Se tiver, isso é automático, às vezes, você faz sem nem pensar. E quando você esquece uma senha, mas só de olhar para o teclado já consegue digitá-la? Isso é o seu corpo tão bom quanto a sua mente e podemos fazer o mesmo com relação a sentirmos paz, felicidade, prosperidade e tantas outras qualidades.

Despertar o Divino
Dia 1

Dia 1

Sabendo que temos, em média, 70 mil pensamentos por dia e que 90% são os mesmos de ontem, fica claro o porquê de muitas pessoas que, por mais que tentem mudar suas vidas, obtêm os mesmos resultados sempre. O fato de fazerem as mesmas escolhas faz com que a vida delas não mude em nenhum sentido, as amizades ficam iguais, os relacionamentos, o trabalho, mesmo que a pessoa mude de trabalho, ela se esbarra nos mesmos problemas, porque não enxerga que a mudança deve ocorrer dentro dela e não fora. Resumindo: nada muda, é mais do mesmo o tempo todo. Sendo assim, não perca um dia remoendo histórias ou o seu passado, permita que ele te ensine, agradeça-o e permita que ele vá embora. Todos os dias são novas chances para se criar um novo futuro.

Uma das chaves que pode transformar a sua vida é nunca deixar de aprender, toda vez que você aprende algo novo, você cria novas conexões e abandona as velhas, elas se tornam menos relevantes. E repensar no que aprendeu, ativa o seu cérebro a pensar de uma nova forma, por isso sempre repita os exercícios.

Atividades - Dia 1

Play na música!

Vamos começar com meditação. Já escolheu a música? De preferência, use fones de ouvido e escolha um ambiente tranquilo, onde ninguém possa interferir no seu momento.

Inicie pelo exercício da respiração.

Depois, feche os olhos e entre em conexão com o seu corpo. Preste atenção em cada parte do seu corpo, pense, com gratidão, em cada uma dessas partes, mentalizando porque você é grato e feliz!

Mentalize, em seguida, que atitude, comportamento ou algo que lhe incomoda que você quer mudar. Pense nessas situações e repita "Hoje, eu escolho mudar todas essas atitudes que me prendem ao passado e que me impedem de despertar. Eu escolho me abrir para o novo, camada por camada. Hoje, eu decreto: Eu sou a mudança! Eu sou a mudança! Eu sou a mudança!" Mentalize tudo que você quer ser ou ter e traga à mente o seu novo "eu", como você vai agir, andar, falar. Imagine e observe cada detalhe como se fosse um filme, tire uma foto mental e imagine-se já nessa nova vida que almeja, agradeça por já possuir tudo de que precisa e repita: Está feito, está feito e está feito!

Pra finalizar, imagine-se soltando tudo que mentalizou para o Universo. Entregue e tudo será providenciado!

Chave do Despertar

Aconselhamos que faça essa atividade por 30 minutos ou mais e se a sua mente vaguear, não tem problema, simplesmente traga-a novamente para você. Coloque muito sentimento nas visualizações, sinta como se você já tivesse recebido.

A repetição fará com que você fique cada vez melhor na prática dessa atividade, por isso vamos repeti-la várias vezes.

Hora de agradecer - Dia 1

Exercício da Gratidão

De forma maravilhosa, escreva 5 motivos pelos quais você é grato hoje e, ao final do exercício, envie uma mensagem pra uma pessoa muito especial em sua vida.

1º ______________________________

2º ______________________________

3º ______________________________

4º ______________________________

5º ______________________________

Exemplo: *Eu sou grata pelo ar que respiro, porque, com esse recurso da natureza, a vida é mantida.*

Observação: *sempre coloque o porquê de você ser grato.*

Chave do Despertar

Se tem uma chave importante para conseguirmos o que desejamos, o que queremos, essa chave é nunca mentalizarmos na falta. Quando agradecemos por termos tudo, não vibramos na falta e sim na gratidão, a qual é o estado final de recebimento, sendo assim, com muito ou pouco, agradeça todos os dias.

Despertar o Divino
Dia 2

Dia 2

Abandone o mundo exterior e volte para dentro de si. A maioria dos estabelecimentos tem um gerente, o qual administra o local, cuida das pessoas. Imagine que nossa mente seja como um estabelecimento. Nós também precisamos de gerência, mas muitas vezes nós não somos os gerentes das nossas vidas e das nossas emoções. Sem cuidado, a mente vira terra de ninguém, você ouve, vê e fala de tudo, sem filtro algum e sem saber que tudo isso impacta diretamente na forma como você vive. Por isso é importante você olhar para dentro de si e observar-se mais.

O que eu falo está de acordo com o que eu quero para minha vida? E o que eu vejo? Vamos falar sobre julgamento. Fazemos isso o tempo todo, para o bem ou não, quando nos pegarmos julgando as pessoas, vamos tentar criar pensamentos positivos, como por exemplo, que elogios você faria àquela pessoa? Ela é um ser humano, não importam as escolhas dela, cor, classe social ou qualquer outro rótulo. Vamos entender a seguinte verdade: o outro não existe, está tudo em mim, eu só vejo nele o que eu tenho.

"Todo evento é nulo". Como assim? As coisas apenas são como são, apenas acontecem, não precisamos julgar pelas aparências, pelo que nos parece ou mesmo dar nossa opinião, porque nossas opiniões foram definidas com bases em nossas crenças. Que tal olharmos desta forma para as situações: elas apenas são, tudo é o que é.

Esse é o convite, desperte!

Atividades - Dia 2

Play na música!

Já escolheu a música? De preferência, use fones de ouvido e escolha um ambiente tranquilo, onde ninguém possa interferir no seu momento.

Inicie pelo exercício da respiração.

Foque no espaço em sua testa entre as suas sobrancelhas, ali está localizada a pineal ou terceiro olho. Durante a visualização, imagine que você vê tudo por esse olho, lembre-se de que quanto mais fizer melhor ficará!

Depois, feche os olhos e entre em conexão com o seu corpo. Preste atenção em cada parte do seu corpo, pense com gratidão em cada uma dessas partes, mentalizando porque você é grato e feliz!

Mentalize, em seguida, que atitude, comportamento ou algo que lhe incomoda que você quer mudar. Pense nessas situações e repita "Hoje, eu escolho mudar todas essas atitudes que me prendem ao passado e que me impedem de despertar. Eu escolho me abrir para o novo, camada por camada. Hoje, eu decreto: Eu sou a mudança! Eu sou a mudança! Eu sou a mudança!" Mentalize tudo que você quer ser ou ter e traga à mente o seu novo "eu", como você vai agir, andar, falar. Imagine e observe cada detalhe como se fosse um filme, tire uma foto mental e imagine-se já nessa nova vida que almeja, agradeça por já possuir tudo de que precisa e repita: Está feito, está feito e está feito!

Pra finalizar, imagine-se soltando tudo que mentalizou para o Universo. Entregue e tudo será providenciado!

Chave do Despertar

A nossa mente subconsciente é uma mente de hábitos e conseguimos implementar um novo hábito por meio da repetição.

Atividades - Dia 2

Exercício da Gratidão

Você tem este dia repleto de bênçãos para agradecer. Lembre-se de que o Universo dá mais daquilo que vibramos, seja em agradecimentos, reclamações e etc. Que tal agradecer pela sua saúde hoje? Liste abaixo 5 motivos e o porquê de você ser grato pela sua saúde e não se esqueça de escrever com muito, mas muito sentimento.

1º____

2º____

3º____

4º____

5º____

Despertar o Divino
Dia 3

Dia 3

Sim, você pode realizar os seus sonhos!

Mas você deve entrar em sintonia com eles para isso, ou seja, a sua mente, o seu coração e as suas ações devem estar em sincronia com aquilo que você deseja. Se você pensa de uma forma e sente-se de outra, o que é comum, você não tem sintonia com os seus sonhos.

Observe que as pessoas falam mais sobre aquilo que não amam, por exemplo, compartilhando notícias ruins, fofocas, e também falam de forma a afetarem sua prosperidade financeira com dizeres como "olha o preço desse item, é um absurdo, jamais pagaria esse valor", a mensagem que vai para o Universo é de "não pagar", "não ter", uma mensagem de escassez. Com esse hábito nocivo da escassez, elas sempre recebem mais de tudo que dizem e vibram, não prosperam e não prosperando, aumentam ainda mais a negatividade sobre as coisas, vibrando e atraindo cada vez mais escassez.

Por isso a mudança deve ser feita no nosso interior, na mente e no coração, assim, nossas ações e a nossa fala, bem como aquilo que escolhemos assistir e ouvir, estarão de acordo e em coerência com a vida divina que queremos.

Atividades - Dia 3

Play na música!

Já escolheu a música? De preferência, use fones de ouvido e escolha um ambiente tranquilo, onde ninguém possa interferir no seu momento.

Inicie pelo exercício da respiração.

Foque no espaço em sua testa entre as suas sobrancelhas, ali está localizada a pineal ou terceiro olho. Durante a visualização, imagine que você vê tudo por esse olho, lembre-se de que quanto mais fizer melhor ficará!

Depois, feche os olhos e entre em conexão com o seu corpo. Preste atenção em cada parte do seu corpo, pense com gratidão em cada uma dessas partes, mentalizando porque você é grato e feliz!

Mentalize, em seguida, que atitude, comportamento ou algo que lhe incomoda que você quer mudar. Pense nessas situações e repita "Hoje, eu escolho mudar todas essas atitudes que me prendem ao passado e que me impedem de despertar. Eu escolho me abrir para o novo, camada por camada. Hoje, eu decreto: Eu sou a mudança! Eu sou a mudança! Eu sou a mudança!" Mentalize tudo que você quer ser ou ter e traga à mente o seu novo "eu", como você vai agir, andar, falar. Imagine e observe cada detalhe como se fosse um filme, tire uma foto mental e imagine-se já nessa nova vida que almeja, agradeça por já possuir tudo de que precisa e repita: Está feito, está feito e está feito!

Pra finalizar, imagine-se soltando tudo que mentalizou para o Universo. Entregue e tudo será providenciado!

Chave do Despertar

No Universo, é ser para ter, ou seja, você não precisa ter algo ou conseguir algo material para, por exemplo, sentir prosperidade. Você precisa sentir para depois receber, sinta que você já tem tudo e agradeça pela vida que tem.

Atividades - Dia 3

Exercício da Gratidão

Gratidão, gratidão e mais gratidão, terceiro dia lindo!

Sabia que precisamos ser gratos por todas as pessoas ao nosso redor?

Hoje, você vai escolher 3 pessoas que marcaram ou que fazem parte da sua vida e listar 5 qualidades para cada uma delas. Escreva os motivos pelos quais você é grato por ter conhecido cada pessoa e releia esse exercício, se puder, 3 vezes durante o dia, com sentimento e agradecendo: sou grato, sou grato, sou grato!

1ª Pessoa:

1º____

2º____

3º____

4º____

5º____

2ª Pessoa:

1º____

2º____

3º____

4º____

5º____

3ª Pessoa:

1º____

2º____

3º____

4º____

5º____

Despertar o Divino
Dia 4

Dia 4

Tudo que se materializa já está na nossa mente!

A maneira como pensamos e sentimos cria a nossa realidade pessoal, a mente cria e nosso coração, que tem uma força grande de atração, atrai, magnetiza o evento. Nós somos a única criação que pode alterar as emoções e os sentimentos. Podemos mudar a nossa biologia.

As visualizações auxiliam muito nesse processo de mudança, porque o nosso subconsciente (nossa mente de hábito) vai sendo treinado, e esse processo, que hoje é consciente, torna-se automático, já que, mentalmente, você treinou tantas vezes que ele passa a fazer parte de quem você é. Já pensou? Perdoar automaticamente, ter sentimento de abundância automaticamente, tudo sem depender da situação, já que é algo que transborda em você, que vem de dentro pra fora!

Observe quanta coisa boa pode vir, quantas possibilidades se abrem diante de você, não deixe sua vida ser fruto do acaso, desperte!

Atividades - Dia 4

Play na música!

Já escolheu a música? De preferência, use fones de ouvido e escolha um ambiente tranquilo, onde ninguém possa interferir no seu momento.

Inicie pelo exercício da respiração.

Foque no espaço em sua testa entre as suas sobrancelhas, ali está localizada a pineal ou terceiro olho. Durante a visualização, imagine que você vê tudo por esse olho, lembre-se de que quanto mais fizer melhor ficará!

Depois, feche os olhos e entre em conexão com o seu corpo. Preste atenção em cada parte do seu corpo, pense com gratidão em cada uma dessas partes, mentalizando porque você é grato e feliz!

Mentalize, em seguida, que atitude, comportamento ou algo que lhe incomoda que você quer mudar. Pense nessas situações e repita "Hoje, eu escolho mudar todas essas atitudes que me prendem ao passado e que me impedem de despertar. Eu escolho me abrir para o novo, camada por camada. Hoje, eu decreto: Eu sou a mudança! Eu sou a mudança! Eu sou a mudança!" Mentalize tudo que você quer ser ou ter e traga à mente o seu novo "eu", como você vai agir, andar, falar. Imagine e observe cada detalhe como se fosse um filme, tire uma foto mental e imagine-se já nessa nova vida que almeja, agradeça por já possuir tudo de que precisa e repita: Está feito, está feito e está feito!

Pra finalizar, imagine-se soltando tudo que mentalizou para o Universo. Entregue e tudo será providenciado!

Chave do Despertar

Tudo no Universo e tudo que está ao nosso redor está vibrando. Somos compostos por energia e, como tal, ou vibramos negativa ou positivamente. Pensamento positivo faz parte do processo, mas o que você deve manter na sua mente é a imagem daquilo que você quer.

Atividades - Dia 4

Exercício da Gratidão

Hoje, além das 5 bênçãos diárias, ao longo do dia, por umas 3 vezes, se possível, vamos fazer o seguinte exercício de respiração: inspirar contando até 4, segurar contando até 4 e soltar o ar contando até 4, durante esse exercício repita mentalmente a palavra "gratidão".

Gratidão vai além de falar "obrigado" ao longo do dia, sem contar que esses exercícios melhoram até mesmo a nossa saúde física.

Escreva abaixo 5 bênçãos do seu dia:

1º____

2º____

3º____

4º____

5º____

Despertar o Divino
Dia 5

Dia 5

A cada vez que você faz o exercício de visualização e sente o que está visualizando, é como se você estivesse ensinando para o seu corpo como deve ser a sua vida, a sua nova personalidade, o seu novo "eu". Sua tarefa é manter esse estado. Às vezes, o seu corpo pode se enfurecer e querer parar, mas continue, lembre-se do cavalo selvagem de que falamos no início dessa jornada.

"Nada material consegue prover a verdadeira felicidade", é bom sempre nos lembrarmos disso. Quando meditamos, vamos limpando as camadas de sujeira, as crenças, os julgamentos, as máscaras, vamos nos conhecendo e nos amando do jeito que somos e, dessa forma, conhecemos a verdadeira felicidade, aquela que vem de dentro de nós e que nada externo pode mudar.

Atividades - Dia 5

Este espaço é para você escrever ou desenhar como será o seu futuro!

Fique à vontade para realizar a meditação do dia 04 se quiser, ainda vamos ensinar outras técnicas, mas você pode e deve repetir técnicas já passadas.

Chave do Despertar

Enquanto escreve, imagine como se já estivesse lá, por exemplo, se você imaginar o parceiro de vida ideal, imagine vocês jantando, como você pegam no talher, as suas expressões.

Montar um painel com seus sonhos é uma dica excelente! Você pode montar com as imagens dos seus sonhos. Seu sonho envolve encontrar o parceiro ideal? Está relacionado com saúde? Viagens? É tudo isso junto e muito mais? Você decide!

Atividades - Dia 5

Exercício da Gratidão

Hoje, vamos agradecer aos nossos pais por tudo que eles fizeram por nós. Mesmo que a sua relação com seus pais não tenha sido a melhor, mesmo que você não tenha convivido com eles, mesmo que não tenha contato, agradeça, agradeça por terem gerado a sua vida.

Escolha 5 motivos pelos quais você é grato aos seus pais. Vamos transformar e transmutar esses sentimentos.

Gratidão vai além de falar "obrigado" ao longo do dia, sem contar que esses exercícios melhoram até mesmo a nossa saúde física.

1º___________________________________

2º___________________________________

3º___________________________________

4º___________________________________

5º___________________________________

Despertar o Divino
Dia 6

Dia 6

Esteja presente todos os dias e a todo momento!

A nossa mente não diferencia o passado do futuro e do presente, então, o que temos, de verdade, é o momento presente.

Quando estamos remoendo o passado e resgatando sentimentos de tristeza ou de raiva, estamos trazendo à tona, ao nosso corpo, os mesmos componentes químicos que foram produzidos quando passamos pela situação real e isso pode fazer com que fiquemos deprimidos, pensando no que poderíamos ter feito de diferente, mas entenda que viver assim não é saudável.

Já quando vivemos no futuro, sentimos medo, insegurança, tememos por coisas que podem, na verdade, nunca acontecer e ficamos ansiosos, por isso o único espaço de tempo que temos em nossas mãos é o presente. E é nesse presente que plantamos a semente que queremos ver brotar e crescer no futuro.

É essencial estarmos presentes, pois quando estamos presentes e absorvendo novas informações, estamos construindo um novo modelo mental, o que aumenta nossas redes neurais e permite-nos iniciar a construção de uma nova vida.

Você escolhe, hoje, ser maior do que o seu ambiente e do que tudo aquilo que lhe cerca?

Atividades - Dia 6

Uma carta para o "eu" do passado

No espaço abaixo, escreva uma carta para o seu "eu" do passado. Sabe aquela pessoa que você não será mais? Agradeça-a por tudo que viveu, pelas histórias que tem para rir, pelos amores que viveu, mas diga que agora você decidiu evoluir e seguir em frente. Conte tudo que você aprendeu e quem você é agora.

Chave do Despertar

O futuro só será lindo se você viver o presente com intensidade. O passado já foi e não volta mais, por isso deve ficar no seu devido lugar: o lugar de aprendizado.

Atividades - Dia 6

Exercício da Gratidão

Hoje, vamos agradecer pelos nossos sonhos. Como é bom sonhar e realizar!

Escolha imaginar que seu sonho já é real, qual o seu "eu" ideal?

Imagine (e já agradeça abaixo) 5 motivos pelos quais você é grato por esse novo "eu". Faça essa visualização por mais de 8 minutos, se possível.

1º____

2º____

3º____

4º____

5º____

Despertar o Divino
Dia 7

Dia 7

Quando você vibra acima de 500 hertz, você está vibrando na sintonia do Universo! Não vamos ensinar física aqui, mas é importante que você saiba que um átomo, por definição, é o formador de qualquer matéria.

Tudo que existe no Universo é formado por átomos, não conseguimos enxergá-los a olho nu, mas sabemos que são constituídos por prótons, que são cargas positivas, elétrons, cargas negativas e nêutrons, cargas neutras de energia. Essa é a composição, ou seja, a receita de tudo que existe no Universo e precisamos escolher vibrar sempre no positivo.

Inclusive, vibrar no positivo é uma das bases para a lei da atração e, ao contrário do que muitas pessoas acreditam, não basta pensar de forma positiva. Pensar positivamente é importante, mas o sentimento é a chave para a magnetização de fato. E por falta do devido conhecimento, muitas pessoas desistem ou acham que a lei da atração é bobagem. Na frequência certa, você cria qualquer tipo de realidade para si.

Normalmente, para uma pessoa observar-se ou concluir que mudanças são necessárias, ela precisa passar por uma crise, porque, nesse momento, vê seus pontos fracos e percebe como está habituada a viver sua vida realizando tudo de forma automática. As crises trazem a mudança, porque tiram as coisas do lugar, e essas crises podem ser o despertar, o primeiro passo de que precisamos para mudarmos completamente as nossas vidas. O Universo está sempre em movimentos e, nele, ou estamos evoluindo ou regredindo, por isso a importância de sempre buscarmos conhecimento.

Atividades - Dia 7

O Exercício do Espelho de Louise Hay

É uma técnica simples, porém poderosa e profunda, e dada a profundidade, é extremamente difícil. Ela demonstra a dificuldade que temos em nos amar e olharmos para nós mesmos.

Vá para a frente de um espelho, olhe no fundo dos seus olhos, observe-se e repita enquanto olha pra você: "(Seu nome), eu te amo e te aceito exatamente como você é."

Chave do Despertar

Amor e mais amor por si e por quem você é.

Atividades - Dia 7

Exercício da Gratidão

Hoje, vamos agradecer por tudo que temos em nossa casa. Peço que você se sente ou deite-se em uma posição confortável, coloque uma música que lhe dê uma boa energia e pense em tudo que você tem em casa (chuveiro, geladeira, cama, tudo) e agradeça. Para cada item, pense em como ele lhe ajuda e repita por três vezes a palavra "obrigado" ou "obrigada". E faça isso com muito, mas muito sentimento!

Despertar o Divino
Dia 8

Dia 8

Não acredite em todos os seus pensamentos, nem sempre eles, de fato, são a realidade, ou melhor, a verdade sobre você. Muitas vezes, eles estão embasados em alguma crença de que não somos capazes ou em alguma situação do passado, sendo assim, sempre questione seus pensamentos.

Vamos aprender, neste livro, técnicas de proposições, técnicas de como fazer perguntas. Seguem alguns exemplos: Por que sou refém dessa situação? Eu preciso disso mesmo? Mas é isso que eu quero para o meu futuro? Essa emoção ou esse pensamento estão de acordo com quem eu quero ser, com meu novo "eu"?

Libertar-se de emoções como culpa ou vergonha assemelha-se a libertar-se de um vício. E uma vez liberto, sabe algo que você já faz todos os dias sem perceber? Vai ser assim! Deixe a sua antiga personalidade morrer um pouco todos os dias e, por outro lado, vá alimentando o seu novo "eu", pode ser um pouco a cada dia, e, logo, o antigo "eu", os antigos pensamentos não terão mais alimento para viver e a sua transformação virá! Mais uma vez, salientamos que não é mágica, são técnicas que você deve utilizar sempre em sua vida.

Atividades - Dia 8

O perdão de Louise Hay

Sente-se, confortavelmente, com os olhos fechados, fale em voz alta o nome da pessoa e repita o motivo pelo qual essa pessoa deve ser perdoada. Repita isso por várias vezes em voz alta. Você precisará perdoar algumas pessoas por vários motivos e mais de uma vez. Imagine-se falando para a pessoa perdoada: "obrigada, eu posso te libertar agora". Depois disso, repita os motivos pelos quais você se perdoa. Faça esse exercício por 10 minutos ou mais.

Fique à vontade para utilizar o espaço abaixo e anotar tudo aquilo que você precisa limpar com relação ao perdão de si e de outros.

Chave do Despertar

Alguns sentimentos vão embora com mais facilidade, outros podem demorar, repita o processo até que esses sentimentos se dissolvam dentro de você.

Atividades - Dia 8

Exercício da Gratidão

Rara são as vezes em que agradecemos pelo milagre que é o nosso corpo, já pensou nisso?

Agradecer por essa máquina maravilhosa!

A gratidão é o caminho para que o bem cresça em nós, então, vamos agradecer pelo nosso corpo. Pegando o gancho de ontem, vamos nos sentar ou deitar em uma posição confortável e agradecer, com muito sentimento, pelo nosso corpo. Pense em cada parte dele com muito carinho e diga, com profundo amor, “obrigada!”.

Despertar o Divino
Dia 9

Dia 9

Deixe os detalhes com o Universo! Ouvi uma pergunta que resume isso: quando você compra um carro, você vai na garagem vê-lo todo dia? Não! Entendendo isso, quando você visualiza algo com sentimento, é aquilo que você quer, é aquela pessoa que você deseja ser e você não terá dúvidas, já é seu, você já é aquilo que deseja. Não há necessidade de ficar se questionando se vai dar certo ou não.

Esse processo envolve a nossa intenção e ela deve ser genuína, casta, verdadeira, honesta e amorosa.

E tentar não prever resultados envolve desapego e devoção, porque se já é seu, se você está em coerência com o seu desejo, não precisa forçar ou tentar controlar as situações à sua volta.

Tudo está conectado! Confie!

Atividades - Dia 9

Técnica "Conselheiros invisíveis" de Napoleon Hill

Antes de dormir à noite, ou durante uma meditação, feche seus olhos e visualize um grupo de pessoas sentadas em uma sala, como se estivessem em uma reunião corporativa e, para essa reunião, você convida quem quiser, famosos, pessoas que você admira, como, por exemplo, Gandhi, Mandela e por aí vai.

Uma vez o conselho reunido e você sendo o presidente, você levanta a questão que quer resolver. Solte sua imaginação e deixe que esses conselheiros lhe orientem, imagine cada um com sua forma e seu jeito de ser.

A imaginação é uma ferramenta muito poderosa, Walt Disney, por exemplo, construiu um verdadeiro império a partir da própria imaginação. Ele sempre fechava seus olhos e imaginava, meticulosamente, aquilo que queria. Você tem a mesma capacidade! Use e abuse dela!

Chave do Despertar

A imaginação é a capacidade mental de representarmos objetos e movimentarmos ideias. Pena que não a utilizamos muito depois de adultos, mas ela está em nós, é só ativar!

Atividades - Dia 9

Exercício da Gratidão

Chegamos ao nosso nono dia e espero que você esteja amando os nossos exercícios!

Hoje, vamos agradecer pelo sol e pela chuva. Pense no quão incrível é recebermos a dádiva do sol e da chuva sem precisarmos pagar nada por isso. E eles são fundamentais para a vida da humanidade. Quem não gosta de um barulho de chuva ou de acordar e ver os raios do sol?

Liste momentos especiais que já teve com esses dois, gaste um tempinho meditando neles. Que tal por 10 minutos?

Dica: procure sons binaurais e ouça-os enquanto medita.

1º____

2º____

3º____

4º____

5º____

Despertar o Divino
Dia 10

Dia 10

No dia anterior, falamos de deixar os detalhes com o Universo. O que você deve fazer é criar, construir a sua vida. Tenha um painel onde você possa construir seus sonhos, ele pode ser feito com uma cartolina ou uma lousa, por exemplo. Nele, você colará imagens que tenham vínculo com a sua vida ideal, para que, assim, todos os dias, você veja o seu ideal e aja de acordo com ele.

Quando você visualiza algo para você e volta nessa visualização todos os dias, as suas escolhas ficam mais assertivas, você tende a tomar decisões e fazer escolhas que vão ao encontro do seu objetivo, e você passa a viver o desconhecido, já que está fazendo novas escolhas a partir de um novo estado.

Pensando em tudo que aprendemos até agora, é possível entendermos que tudo está conectado. Nós estamos conectados com tudo, inclusive, com nosso criador.

Atividades - Dia 10

Aformações

Aformações são perguntas que convencem a mente de que já vivemos na realidade ideal, na realidade que queremos para nós.

Por que utilizar? Você já fez afirmações e nada aconteceu não é mesmo? Você disse "eu sou sucesso" e não mudou nada? Agora, se você faz uma pergunta, a sua mente procura a resposta.

Tente formular perguntas assim:

Por que eu posso ser, fazer e ter tudo o que eu quero na vida?

Por que eu perco peso tão facilmente?

O que faz de mim um sucesso?

Mas atenção, existem algumas perguntas que são péssimas, quando a pessoa coloca itens negativos, como por exemplo, "por que tudo é difícil na minha vida?", isso só piora as coisas. Lembra-se de que as palavras têm poder e que aquilo no que você foca e dá atenção é o que cresce? As aformações não são só para encontrarmos as respostas, mas também para mudarmos a forma de pensar.

Passo 1 - Descubra o que você quer e faça uma afirmação. Exemplo: quero sucesso - a afirmação será "Eu sou sucesso".

Passo 2 - Faça a aformação: Por que tudo que eu faço é bem sucedido e obtenho tanto sucesso?

Passo 3 - Deixe a mente buscar a resposta e, dessa forma, o seu diálogo com você mesmo e com o mundo vai mudar.

Atividades - Dia 10

Exercício da Gratidão

Ah, natureza!

Neste décimo dia, vamos agradecer pelas plantas. É isso mesmo! As plantas têm diversas funções no nosso meio ambiente, elas nos alimentam, embelezam a terra, trazem muitas curas e até mesmo melhoram o nosso estado de ânimo!

Vamos listar essas bênçãos e agradecer por essa criação maravilhosa!

1º____

2º____

3º____

4º____

5º____

Despertar o Divino
Dia 11

Dia 11

Existem dois estados mentais: ou você vive em estado de criação ou de sobrevivência. Viver no estado de sobrevivência é viver em estresse, por isso ouvimos tanto sobre necessidade de "mudar o estilo de vida". Mas, muitas vezes, acreditamos que isso envolve apenas alimentação e prática de exercícios físicos. Essas também são coisas importantes, mas, acima de tudo, precisamos mudar os nossos pensamentos e sentimentos, porque por mais que você coma somente alimentos orgânicos, se você é daquelas pessoas que reclamam o dia inteiro, isso, por si só, impede a sua capacidade de renovação celular.

Vamos tentar explicar de forma simples. Se você está vivendo sob estresse, seu corpo, constantemente, está em modo de luta ou fuga, é como se você fosse um homem na floresta tentando fugir de um leão. E esse pode ser você querendo fugir do trabalho, do trânsito e etc. Sob a condição de luta ou fuga, é hora de digerir um alimento? Além de não ser o momento apropriado, a pessoa pode ter problemas de digestão. Com o corpo no estado de lutar ou fugir, é hora de ter um bebê? Não.

Nessas situações de estresse, o corpo libera cortisol, o hormônio do estresse, e fica preparado somente para lutar ou fugir, nada além disso. Ao pensarmos, o tempo todo, em nossos problemas e no pior que pode acontecer, hormonalmente, entramos no estágio constante de luta ou fuga, e, na maioria das vezes, as coisas ruins nas quais pensamos não passam nem perto de acontecer.

Somente o pensamento já é suficiente para ativar químicas nocivas que paralisam a produção de químicas boas no nosso organismo e interrompem a nossa renovação celular, o que é bastante prejudicial já que todos os dias células nascem, morrem e precisam ser renovadas.

Atividades - Dia 11

Carta para o Criador

Independentemente da sua religião, escreva uma carta para o Criador, fale das suas angústias, agradeça, pergunte. Pode escrever o que quiser, reflita sobre os seus pensamentos mais profundos e conecte-se com a sua espiritualidade.

Atividades - Dia 11

Exercício da Gratidão

Mais forte e mais poderosa gratidão!

Levando em consideração que tudo aquilo pelo que eu agradeço, eu recebo mais, considerando que se eu mando uma mensagem para o Universo de que "sim, é disso que eu gosto", eu recebo mais e mais, vamos agradecer pelo dinheiro!

Mesmo que você tenha pouco, agradeça por aquilo que você tem, não foque no que você não tem e sim naquilo que tem e você verá esse dinheiro aumentar.

1º____

2º____

3º____

4º____

5º____

Despertar o Divino
Dia 12

Dia 12

Há várias formas de estresse: o emocional, que engloba problemas do cotidiano, como trânsito, internet, discussões, entre outros; o físico, com um acidente, por exemplo; o químico, causado por bactérias, por excesso de açúcar no sangue, metais pesados e etc.

Todos os seres são capazes de lidar com um estresse por um curto período de tempo, porém o ser humano tem uma "habilidade" única, veja só: quando um servo é perseguido por um leão em uma floresta, ele ativa o modo estresse, que seria lutar ou fugir, e foge, mas quando o leão vai embora e a fuga acaba, o servo volta a pastar normalmente, ele não encontra outro servo pra falar tudo que aconteceu naquele dia, em como ele ficou indignado com o leão, o servo não passa pelo mesmo local onde ocorreu o fato e pensa "poxa quase me pegaram aqui", ele simplesmente continua vivendo e fazendo o que sempre fez.

Nós, seres humanos, ao contrário, ficamos remoendo, relembrando, pensando sobre as situações de estresse por que passamos, o que ativa aquele mesmo sentimento que foi ativado quando vivemos a situação real e por isso é tão comum ver as pessoas estressadas.

Atividades - Dia 12

Gratidão hoje, amanhã e sempre!

Faça uma agenda da gratidão, pode ser um potinho também, onde você agradece por tudo de bom que ocorreu no seu dia e na sua vida, até pelas contas, porque se você está pagando contas é porque fez uso de algo, então agradeça pelos benefícios, por como aquilo te ajudou, por ter o dinheiro, lembre-se de que tudo aquilo pelo que você agradecer, virá mais e mais.

Você pode comprar uma agenda da gratidão ou pegar um caderno e fazê-lo de agenda, não importa. E quando escrever, comece da seguinte forma "sou feliz e grato por_______" e depois escreva o porquê da sua gratidão: " isso me ajuda_______"

Essa é uma ideia, mas faça do seu jeito, o seu jeito é o jeito certo. E coloque bastante sentimento, porque isso é fundamental.

Chave do Despertar

Que tal aproveitar esse espaço pra agradecer por todo o seu conhecimento e evolução nesses últimos tempos? Registre seu progresso!

Atividades - Dia 12

Exercício da Gratidão

Não esqueça das 5 bênçãos diárias!

Você gosta de dormir? De deitar e ter aquele sono reparador todas as noites?

Falando de forma simples, nosso corpo passa por uma manutenção diária enquanto dormimos e dormir é vital para todos nós.

Sabendo disso, vamos agradecer por essa dádiva maravilhosa?

1º____

2º____

3º____

4º____

5º____

Despertar o Divino
Dia 13

Dia 13

Nós, seres humanos, destacamo-nos entre as mais de 50 milhões de espécies que habitam o mundo, fomos criados de forma maravilhosa e única! Somos os únicos que podem sentir várias e várias vezes um determinado sentimento somente pelo pensar. Uma pena que não buscamos reviver mais o amor, por exemplo, normalmente remoemos situações ruins.

Se você, continuamente, ativar hormônios de estresse, sempre colocará o seu corpo em desequilíbrio. Quando nossa vida gira em torno do estresse, quando nos preocupamos, excessivamente, com nosso corpo, aparência, vestimenta, quando ficamos obcecados pelo tempo, a nossa vida fica focalizada na matéria e não nas possibilidades, passamos a definir nossa vida por aquilo que podemos enxergar, focando sempre no mundo exterior, esperando que algo ou alguém faça a transformação e começamos a competir com outras pessoas para ver quem tem mais posses, mais beleza, mais bens.

Quando nos perguntam "Quem somos", respondemos nosso nome, endereço, profissão, mas não somos isso, o que somos é muito maior do que o que é definido por essas informações. E muitas vezes, somente no final da vida, que o ser humano entende isso.

O ponto a ser compreendido é que somos energia e não matéria, sendo assim, não é natural nem saudável vivermos em estados que nos façam vibrar em baixa frequência.

Atividades - Dia 13

Técnica do Ho'oponopono

Esta técnica é linda e poderosa, muito conhecida e divulgada no mundo todo! Ela não poderia faltar na nossa caixa de ferramentas. Apesar de simples, o método é profundo e transformador.

O sistema é apoiado em quatro frases centrais:

Sinto muito

Me perdoe

Eu te amo

Sou grato

A repetição dessas quatro frases possibilita a desprogramação de hábitos ou memórias automáticas, que podem ser traumas, mágoas, entre outros sentimentos guardados no nosso inconsciente. Torne-se consciente do que lhe incomoda, perceba qual o motivo do desconforto e repita as quatro frases destacadas acima.

Defina por quanto tempo você repetirá as frases (10, 20 ou 30 minutos) e tente fazer este exercício pela manhã.

Você pode ouvir música durante a prática. Escolha uma música relaxante e repita "SINTO MUITO, ME PERDOE, EU TE AMO, SOU GRATO, SINTO MUITO, ME PERDOE, EU TE AMO, SOU GRATO" pelo tempo que definiu.

Atividades - Dia 13

Exercício da Gratidão

Hoje, mais uma vez, vamos agradecer pelo dinheiro, mas com um exercício diferente.

Você deve escrever os motivos pelos quais você é grato por ter recebido certa quantidade de dinheiro, não importa de onde recebeu, pode ser do seu trabalho ou de alguém que tenha pagado para você, independentemente do valor, agradeça, escreva em um pequeno papel "sou feliz e grato por todo dinheiro" e coloque-o na carteira.

Despertar o Divino
Dia 14

Dia 14

Quando estamos em um estado de estresse, normalmente, a nossa vida passa a ser guiada pelo ego e tentamos forçar resultados ou ser controladores. Tudo fica muito difícil. Tornamo-nos pessoas ciumentas e ansiosas, já que inseguras, e não conseguimos estabelecer relacionamentos saudáveis, no que se inclui qualquer tipo de relacionamento: amoroso, com familiares e amigos, no trabalho.

No estado de estresse, a pessoa busca a felicidade em outras pessoas, sendo que o correto é ser feliz e somente então compartilhar essa felicidade com os outros.

Se quisermos sair desse estado de estresse para vivermos em um estado de criação, precisamos ser maiores do que o tempo, maiores do que nós mesmos, maiores do que nossos problemas, maiores do que nosso ambiente. Quando entrarmos no nosso mundo interior, no nosso "eu", transformando-o para que se torne maior e real e quando tornarmos essa a nossa nova realidade, tudo fluirá com facilidade, alegria e glória!

Fique consciente, note quando você está sob estado de estresse ou de criação (transformação).

Atividades - Dia 14

Técnica do Ho'oponopono

Hoje, por mais um dia, vamos falar dessa técnica linda.

Lembrando das quatro frases centrais:

Sinto muito

Me perdoe

Eu te amo

Sou grato

- Inicie percebendo o que lhe incomoda, seja consciente do que você quer limpar ou transformar;
- Diga "está cancelado, cancelado e cancelado";
- Após, inicie a repetição das quatro frases centrais: Sinto muito, Me perdoe, Eu te amo, Sou grato.

Chave do Despertar

Procure um lugar calmo e faça o exercício por quanto tempo você quiser, de preferência, até sentir que o sentimento ruim foi embora. Conforme já falamos, às vezes, precisamos repetir os exercícios por mais de uma vez para limparmos determinadas emoções.

Atividades - Dia 14

Exercício da Gratidão

Vamos agradecer pelas contas!

Isso mesmo, contas! Hoje, vamos agradecer pelas contas que pagamos. Se você recebeu uma conta de energia elétrica, por exemplo, escreva o seguinte: "Sou grato por pagar a conta de energia elétrica. Essa energia veio até a minha casa e permitiu, por exemplo, meu banho, que eu utilizasse a internet, que eu tivesse luz nos ambientes." Faça isso com todas as suas contas: energia elétrica, água, telefone, gás, prestações, faturas de cartão de crédito. Esse foi só um exemplo, escreva do seu jeito, mas com muito sentimento!

E faça disso um hábito. Pagou uma conta? Gratidão, gratidão e mais gratidão!

1º____

2º____

3º____

4º____

5º____

Despertar o Divino
Dia 15

Dia 15

O Universo tem leis que podem nos ajudar, elas funcionam com perfeição, e entraremos nesse tema, agora, falando sobre a lei da polaridade.

Em tudo há dualidade, dois lados de uma mesma coisa, dois polos diferentes, positivo e negativo, quente e frio, tudo é o extremo do mesmo elemento, sendo assim, toda situação da sua vida tem dois lados e você vê apenas um resultado positivo ou negativo.

O frio é ausência de calor, o ódio, ausência de amor. Com isso em mente, analise suas emoções negativas e encontre o oposto. Nos exercícios de visualização, trabalhe essa emoção encontrada, porque o foco deve ser a emoção positiva.

Cada passo que você dá em busca dos seus sonhos, um exercício que você faz, uma atividade que você realiza, você está dando um passo para o positivo, você está criando mais daquilo que você quer, ainda que seja somente um pouco a cada dia. Por pior que seja a sua situação, existe um oposto, do outro lado, existe a vida que você quer, você só precisa mudar essa polaridade e adequar-se.

Atividades - Dia 15

Harmonizando Coração e Cérebro

Gregg Braden, um cientista que indicamos que você pesquise a respeito, diz que há um pequeno cérebro em nosso coração. Harmonizar esse centro é muito importante e uma técnica para isso é a seguinte: coloque a mão sobre a região do seu coração, direcione sua consciência para focar a sua atenção em sua mão, inspire contando até 10, segure e, depois, solte o ar pela boca, sinta as batidas de seu coração, crie um sentimento, pode ser de gratidão ou de amor, e repita "eu estou seguro". Coloque uma música calma e relaxante (de preferência, ouça com fones de ouvido).

Aconselhamos que faça esse exercício por 15 minutos.

Escreva abaixo como você se sentiu no exercício:

Atividades - Dia 15

Exercício da Gratidão

Situações negativas em sua vida?

Vamos agradecer!

Liste as situações negativas pelas quais você já passou em sua vida, situações que trouxeram emoções sobre as quais você precisa transformar o seu sentimento.

Para cada uma das situações listadas, escreva 3 motivos pelos quais você pode ser grato por ter passado por ela e agradeça! Dessa forma, vamos mudando esses sentimentos pouco a pouco.

Situação 1

1º______________________________

2º______________________________

3º______________________________

Situação 2

1º______________________________

2º______________________________

3º______________________________

Situação 3

1º______________________________

2º______________________________

3º______________________________

Despertar o Divino
Dia 16

Dia 16

Lei de causa e efeito: essa lei explica que nada acontece sem uma razão, tudo vem por um motivo e gera um resultado. Tudo aquilo que fizermos, retornará pra gente, porque foi o que atraímos. Se queremos receber amor, devemos dar amor, se queremos honestidade, devemos aumentar a nossa honestidade. Dessa forma, vamos ressoar com aquilo que queremos, porque já somos o que queremos atrair para nossas vidas.

Não diga que com você é diferente, ou que sua vida não funciona assim, não, a lei funciona para todos e da mesma forma.

Atividades - Dia 16

Técnica do Ho'oponopono e Harmonização

Hoje, vamos unir duas técnicas.

Primeiro, faremos a harmonização por, em média, 10 minutos (pode fazer por mais tempo se quiser) e, depois, vamos entrar com o Ho'oponopono na prática.

O exemplo abaixo é para um conflito com a mãe, mas você pode adequar a outras situações:

Sinto muito: por ter discutido e brigado com você;

Me perdoe: foi o melhor que eu poderia dar naquela situação, mas era a minha consciência naquele momento;

Eu te amo: sinta o meu amor por você, eu te libero para que viva a sua vida e suas escolhas;

Sou grato: reconheço o cuidado que teve comigo desde o meu nascimento.

Atividades - Dia 16

Exercício da Gratidão

O amor!

Que sentimento lindo é o amor. Amor é um sentimento maravilhoso e podemos amar tudo e todos, que tal vibrar no amor hoje?

Escreva o porquê de você ser grato por sentir esse sentimento e vá lembrando de situações em que você foi amado, mas se você não se lembrar, imagine situações que você gostaria de vivenciar em amor e agradeça.

1º____

2º____

3º____

4º____

5º____

Despertar o Divino
Dia 17

Dia 17

Não aceite tudo que entregam a você! Existe uma pergunta da ferramenta de Acess Consciousness® que é muito interessante: a quem pertence isso?

Muitas vezes, as pessoas saem "armadas" de casa e querem despejar os lixos delas em nós, seus problemas, suas crenças e regras, não aceite! Isso não é seu, não te pertence. Quando isso acontecer, quando você ouvir palavras de insulto, diga a você mesmo "isso não é meu, não está em mim" e devolva ao remetente para que isso fique com ele e, no tempo certo, ele possa curar, visto que todos temos livre arbítrio e, sendo assim, a escolha de cura também deve ser individual.

Nessas situações, responder ou discutir pode ser um ciclo infinito de julgamento, porque, se permitirmos, vamos alimentar o caos e, com isso, atrair mais e mais caos. O silêncio pode ser uma dádiva, porque se dermos atenção, o Universo pode entender que queremos ficar ali naquela situação se defendendo do que não é necessário.

Atividades - Dia 17

Esse exercício foi criado por Emmet Fox.

Sente-se numa posição confortável, feche seus olhos e relaxe o seu corpo e sua mente. Imagine-se sentado em um teatro e que há um pequeno palco à sua frente. Chame ao palco a pessoa da qual você tenha mais ressentimento e imagine que na hora em que você a chame, ela saia de trás de uma cortina vermelha. Pode ser qualquer pessoa, do presente ou do passado, não importa se você não tem mais contato com ela.

No momento em que visualizar essa pessoa de forma clara, visualize também coisas boas acontecendo a ela, veja essa pessoa fazendo o que gostaria de fazer, realizando os seus sonhos e sorrindo de tanta felicidade. Mantenha essa imagem por alguns minutos e, depois, deixe-a desaparecer vagarosamente. Imagine a pessoa indo embora e que, a cada passo, ela vai ficando menor, até que ela vá tão longe que você não consegue mais vê-la.

Chave do Despertar

Para o exercício acima, procure um lugar calmo. Uma outra dica é colocar uma música agradável. Algumas pessoas precisarão realizar esse exercício por mais de uma vez, mas faça até que todo sentimento negativo que você tenha em relação às pessoas vá embora.

Atividades - Dia 17

Exercício da Gratidão

Vamos agradecer por tudo aquilo que comermos e bebermos hoje, pense em toda a nutrição que nossa alimentação nos proporciona!

Assim, antes de se alimentar hoje, olhe para a sua refeição ou para a sua bebida e agradeça!

Diga pelo que você é grato e o porquê.

1º____

2º____

3º____

4º____

5º____

Despertar o Divino
Dia 18

Dia 18

Os seus desejos, aquilo que você tanto almeja, devem ser carregados de pureza, um sentimento genuinamente bom e honesto. E esse é um outro ponto que não devemos esquecer: todos os seus desejos devem ter o amor como base e ter um propósito bom, por conta disso, vem a importância de limpar as emoções negativas, como ciúme, inveja, raiva. No final do livro, há uma lista com mais sentimentos para você ter uma ideia.

A base do seu desejo deve ser amorosa, boa e positiva. Pergunte-se: por que você quer riqueza? A sua resposta revela sua real intenção. É para ajudar a sociedade com amor e gratidão? Agora, se a resposta envolve seu ego, com desejos egoístas ou para exibir a alguém, é bom repensar, ou melhor, limpar esses sentimentos negativos e permitir que seus desejos e sonhos tenham pureza.

Suas respostas sinceras mostram o que vibra dentro de você, e se está no ego, a sua vibração está muito baixa e, numa baixa frequência, você não colapsa o que quer.

Praticando as técnicas ensinadas neste livro, você consegue mudar esses sentimentos. Por isso é importante que faça os exercícios com emoção, que coloque seu coração e veja como são importantes e como os seus pensamentos e intenções impactam diretamente na sua vida.

Atividades - Dia 18

O objetivo deste exercício é criar momentos positivos em nossas vidas.

Escreva 5 motivos que lhe fazem ser feliz hoje. Para ajudar, escute uma música de que você gosta muito e escreva com sentimento:

1º____

2º____

3º____

4º____

5º____

Atividades - Dia 18

Exercício da Gratidão

Hoje, vamos agradecer pela maravilhosa dádiva de ir e vir!

Agradeça por todos os lugares nos quais você já foi, gaste alguns minutos pensando nesses locais e pense também onde você gostaria de ir, pense em como você se sentiria se estivesse nesse local. Feliz? Maravilhado? Antecipe esse gostinho ao seu corpo e, no final, agradeça com muito sentimento!

1º____

2º____

3º____

4º____

5º____

Despertar o Divino
Dia 19

Dia 19

Perdão!

Perdoar é lindo, a sensação é como a de tirar um peso das costas, não é mesmo? E é assim mesmo!

Você já deve ter ouvido falar que a maior vingança é o perdão. Quem diz isso entendeu que ao perdoar, o maior beneficiado é quem perdoou, e sabe por quê? Não vou responder a essa pergunta. Quero que você responda a si mesmo, pergunte-se: o que eu estou ganhando em não perdoar? Estou me colocando no lugar de vítima? O que estou perdendo com isso? Responda com muita verdade para você mesmo e enfrentando quem você é de fato.

Caso opte por manter a mágoa, a vingança, você, muito provavelmente, não criará nada, não atrairá nada de bom. Então, não é melhor você perdoar e seguir em frente? Mesmo que você tenha razão, deixe que a parte ruim fique com a pessoa que lhe fez algo, devolva a coisa ruim pra ela e diga para si mesmo “isso não é meu”. Faça dessa situação um degrau que será a virada de chave na sua vida e esteja certo de que enquanto você não estiver em paz no Universo, em harmonia, você ficará preso nesse sentimento de baixa vibração e estagnado.

Com o perdão, nosso cérebro começa a produzir novos neurotransmissores, os quais geram satisfação, alegria, além de fazer bem para a nossa saúde, tirando toda a “má água” que está guardada dentro do nosso corpo.

Atividades - Dia 19

No espaço abaixo, escreva uma carta de amor para você mesmo! Escreva sobre um momento em que você teve muito orgulho de você, orgulho da sua grandeza. Tenha consideração por suas experiências, lembrando-se de que não é hora para julgamentos e sim de ver tudo o que você tem de bom. Declare o amor que você tem por si mesmo.

Atividades - Dia 19

Exercício da Gratidão

Você quer ganhar mais dinheiro para cuidar melhor de sua família? Dos seus filhos ou pais?

Vamos fazer o seguinte: imagine uma situação financeira que você queira resolver e, depois, imagine essa situação resolvida. Use seus sentidos, como você se sente transformando essa situação? Com muito e muito sentimento, sinta aquela situação financeira já resolvida e agradeça!

1º____

2º____

3º____

4º____

5º____

Despertar o Divino
Dia 20

Dia 20

Silencie, medite, vibre no amor!

Você pode pensar: eu acredito em tudo isso, mas, à minha volta, só existem pessoas céticas, que não acreditam que o bem que elas tanto querem pode começar por elas mesmas, por meio da autorresponsabilidade, devo me afastar dessas pessoas?

Você se lembra de que, anteriormente, mencionamos que as coisas apenas são? As pessoas escolhem o seu próprio caminho e pode ser pela dor ou pelo amor. O sensato aprende pelo exemplo e o insensato, pela dor. "Quem opta pelo caminho da dor, provavelmente, vai levar uma surra da vida, já ouviu isso, não é mesmo?"

Sua caminhada é pessoal e depende somente de você, não é um caminho feito em pares, é um caminho que se percorre sozinho. Não espere as coisas piorarem para que você busque uma mudança de vida e de vibração, esqueça esses atores que você tem criado. E não deixe de evoluir por conta disso, lembre-se de que ou estamos subindo ou descendo.

Atividades - Dia 20

Conexão com o "EU"

Hoje, vamos nos conectar com o nosso "eu". Coloque uma música agradável e olhe para dentro de si. Qual é o seu "eu sou"?

Liste abaixo os seus "eu sou" e liste, também, atitudes que você tenha realizado ou que pense em realizar e que sejam coerentes com cada um dos "eu sou" listados:

1 - Eu sou

____

____

____

2 - Eu sou

____

____

____

3 - Eu sou

____

____

____

Atividades - Dia 20

Exercício da Gratidão

Agradeça por todas as pessoas que passarem pelo seu dia hoje!

Hoje, vamos agradecer por todas as pessoas que fizeram algo por nós ou até mesmo pelo que não fizeram. Esse agradecimento pode ser feito mental ou verbalmente. Você escolhe. Mas agradeça!

1º____

2º____

3º____

4º____

5º____

Despertar o Divino
Dia 21

Dia 21

Ninguém é culpado pelas coisas que acontecem em sua vida!

Nada neste mundo funciona por você, o mundo funciona por meio de você. Se você entender isso, tudo vai prosperar. Muitas coisas acontecem por conta do que falamos, pensamos e fazemos. E todos passamos por problemas, mas isso não significa que não podemos ter um final feliz. Só perde quem desiste, lembra-se disso?

Há muitas pessoas que pegam para si a responsabilidade pela vida de outros, querendo controlar tudo para que as outras pessoas tenham uma vida ótima, mas isso pode ser um sinal de medo. Como exemplo, pode ser medo de sentir-se culpado caso algo aconteça com determinada pessoa. Devemos nos lembrar de que cada um tem o direito de fazer suas escolhas, tomar duas decisões, o que podemos fazer é ajudar de alguma forma, porém não podemos nos responsabilizar pela vida dos outros.

Caso você note essa tendência em você, percebendo que até tem perdido a sua própria identidade, não se preocupe, esse é um "problema de software", ou seja, do sistema que você instalou. Aqui, vamos reeditar esses programas instalados.

Atividades - Dia 21

O exercício de hoje tem como objetivo a conexão com os nossos sonhos e nossos desejos.

Vamos começar com um exercício de respiração por 10 minutos. Escolha uma música relaxante e coloque a mão sobre seu coração, respire profundamente e sinta cada batida.

Após esse exercício, escreva abaixo o que você pode fazer hoje e que te deixará mais próximo de um dos seus sonhos? Repita o exercício para todos os sonhos e desejos que quiser.

Atividades - Dia 21

Exercício da Gratidão

Chegamos no dia 21!

Vamos agradecer por termos chegado até este dia e por todas as bênçãos que obtivemos desde que iniciamos nesta jornada, com a qual nos comprometemos. Estamos, dia após dia, evoluindo emocional e espiritualmente!

Agradeça e comemore!

1º ____

2º ____

3º ____

4º ____

5º ____

Despertar o Divino
Dia 22

Dia 22

Vivermos a vida sem muito apego, livres das expectativas que outros têm sobre nós, sem ficarmos presos ao que os outros pensam, é uma libertação, sabia? Já se perguntou se é mais fácil mudarmos as pessoas ou mudarmos a nossa forma de pensar?

Desde crianças as pessoas perguntam: o que você vai ser quando crescer? E a partir desse momento, começam as expectativas irrealistas das pessoas que nos cercam e nossas também, crescemos contando tudo que não deu certo, quase que fazendo uma lista mental desses momentos de fracasso.

O que acontece é que nossa mente e nosso coração não estavam preparados para receber o que planejamos e sem sabermos disso, às vezes, temos a impressão de que quanto mais caminhamos, mais longe ficamos da vida que imaginamos. Por isso o importante é cuidar de dentro para que o de fora se manifeste. A felicidade não é algo para amanhã ou para quando você conseguir uma realização, ela é pra hoje.

Atividades - Dia 22

A Fórmula da Autoconfiança - Napoleon Hill

Leia 2 vezes e de preferência antes de dormir.

"Sei que possuo a capacidade para alcançar meu propósito definido na vida. Assim, exijo de mim uma ação persistente e contínua para atingi-lo e prometo, aqui e agora, começar a agir imediatamente.

Compreendo que os pensamentos dominantes de minha mente, a seu tempo, se manifestarão em forma de ação física, transformando-se gradualmente em realidade material. Assim, concentrarei meus pensamentos, por trinta minutos diariamente, na tarefa de pensar na pessoa que tenciono ser, criando uma clara imagem mental do resultado.

Sei que pelo princípio da autossugestão, qualquer desejo que eu guardar com persistência em minha mente acabará por encontrar um meio prático de expressar-se, a fim de atingir o objetivo por ele apoiado. Assim, devotarei dez minutos do meu dia para exigir de mim o desenvolvimento da autoconfiança.

Escrevi claramente uma descrição do meu objetivo principal definido na vida e nunca deixarei de tentar alcançá-lo, até desenvolver autoconfiança suficiente para isso.

Percebo com clareza que nenhum bem ou posição pode perdurar, a menos que seja construído sobre verdade e justiça. Assim, não participarei de transações que prejudiquem qualquer pessoa. Obterei êxito atraindo para mim as forças que quero usar e a cooperação de outras pessoas. Induzir os outros a me servirem por meio do meu desejo de servi-los. Eliminarei hostilidade, inveja, ciúmes, egoísmo e cinismo, desenvolvendo amor por toda a humanidade, porque sei que uma atitude negativa em relação aos outros jamais poderá trazer-me sucesso. Farei os outros acreditarem em mim, pois acreditarei neles e em mim.

Assinarei meu nome nesta fórmula, como garantia de preservá-la na memória e lê-la em voz alta uma vez por dia, com fé plena de que gradualmente, influenciarei meus pensamentos e minhas ações, de maneira a tornar-me uma pessoa bem sucedida e autoconfiante."

Atividades - Dia 22

Exercício da Gratidão

Gratidão pelo conhecimento!

Vamos, hoje, agradecer pelos livros que lemos, pelos vídeos a que assistimos ou por algum mestre que nos ensinou algo.

Selecione três ensinamentos que fizeram grande diferença em sua vida e escreva o porquê de você ser grato por cada um deles:

1º____

2º____

3º____

Despertar o Divino
Dia 23

Dia 23

Falamos sobre a importância da limpeza das emoções negativas e sabemos que não pensar de forma negativa pode ser algo difícil, mas é importante mantermos uma gestão sobre essas emoções, é importante acolhermos esses momentos perguntando-nos: de onde veio essa emoção? Por que me sinto assim? O que eu ganho com isso?

Não podemos permitir que essas emoções dominem as nossas vidas. Saia desse foco e pense nos melhores momentos que você já teve em sua vida, boas lembranças.

A indecisão também é algo ruim nesse processo de transformação, pois como você vai conseguir a vida ideal se você não sabe o que quer de verdade? É como se o seu desejo não tivesse um código para leitura do Universo. Por isso, cada desejo deve ser formulado com cuidado, um por vez.

A insegurança, por sua vez, pode te impedir de ver o seu sonho e seu potencial. Quando você se sente inseguro, pode ser que um sentimento de confusão tome conta do seu corpo, fazendo com que você desacredite de que é possível sim. Mas pense no ser maravilhoso e capaz que você é, levante a cabeça, coloque a mão na cintura, estufe o peito e repita em voz alta "Eu sou sucesso"! Faça isso todos os dias durante alguns minutos.

Atividades - Dia 23

Reconhecendo a sua força

Escreva abaixo o que somente você faz e que lhe diferencia das pessoas do seu meio?

O que você busca fazer está alinhado com seus valores pessoais?

Identifique todas as coisas que lhe alavancam em direção aos seus objetivos:

Atividades - Dia 23

Exercício da Gratidão

Saúde!

Que delícia é a nossa saúde! Hoje, vamos agradecer por nossa saúde. Visto que a ciência já comprovou, por diversos experimentos, que a gratidão melhora, e pode até curar, problemas de saúde, agradeça por tudo que tem fluído bem no seu corpo, pegue aqueles pontos que precisam melhorar e imagine, mentalize como seria o estado ideal. Gaste um tempinho com isso, pelo menos 10 minutos, e agradeça!

1º____

2º____

3º____

4º____

5º____

Despertar o Divino
Dia 24

Dia 24

A visualização é uma ferramenta muito poderosa, porque, por meio das imagens, nós conseguimos sugerir para a nossa mente o resultado final que queremos ou até mesmo uma cura.

Caso você tenha dificuldade, por exemplo, de imaginar uma situação de amor, pense num momento de muito amor do seu passado e traga de volta aquele sentimento, pense em um momento de muita alegria, onde você riu muito e traga esse sentimento novamente. Fazendo isso, você consegue, na visualização, enxergar como você quer se sentir quando um desejo se materializar. Como você vai falar? Pra quem você vai ligar? Você também pode imaginar-se tocando no seu desejo, na sua casa, no amor da sua vida, enfim, use a imaginação.

De início, pode ser que você tenha dificuldade, mas com o tempo você verá que isso acontecerá de forma automática. Sinta o merecimento, ele é todo seu, e sinta gratidão pelas oportunidades que tem em sua vida todos os dias.

Atividades - Dia 24

Gerenciando desafios

Essa ferramenta pode te ajudar sempre que se deparar com uma situação na qual você esteja diante de um problema, basicamente, por não conseguir aquilo que quer ou por não saber o que fazer.

Separe o problema da sensação de ter um problema. Nas primeiras linhas, escreva o problema:

____

____

____

Abaixo, escreva o que isso representa, o que você perde por não resolver esse problema:

____

____

____

Faça uma análise sobre a situação e crie um plano de ação para solucionar esse problema:

____

____

____

Atividades - Dia 24

Exercício da Gratidão

Dia 24 e estamos quase no final da nossa jornada. Continue!

Faça uma lista com 10 desejos que você tem, lembrando-se de que tudo deve ter como base o amor, porque o amor é uma frequência elevada.

Pegue essa lista e tente revê-la algumas vezes durante a sua semana, sempre agradecendo por cada desejo.

Despertar o Divino
Dia 25

Dia 25

Devemos fazer as pazes com o nosso passado, aceitar as nossas feridas, aceitar tudo aquilo que nos machucou de alguma forma, pensar em como essas experiências nos fizeram crescer enquanto pessoas.

Ainda que nós sejamos a pessoa que tenha feito alguma coisa errada no passado, devemos entender que aquela pessoa não existe mais ou ela não precisa existir mais. A consciência que tínhamos naquele momento ajudou-nos a fazer o melhor, então, além de perdoar aos outros, devemos nos perdoar.

Mas como podemos ser gratos pelas coisas ruins que aconteceram conosco? Ser grato? Isso mesmo, ser grato por eventos bons e ruins. O que aquela situação nos ensinou? Você pode fazer uma lista de ensinamentos e, inclusive, tem um exercício de gratidão falando sobre isso, se necessário, refaça-o.

Você é o arquiteto da sua vida e também é como uma antena neste Universo, você capta as emoções que está vibrando, por isso é tão importante prestar atenção nelas, porque com a vibração certa, você se conecta com a energia de origem.

Quando nascemos, não viemos com uma programação, ela foi inserida por nossos pais, educadores, amigos, pessoas influentes, e nós podemos mudar esse software. Atualizar nosso atual sistema de crenças, muitas vezes limitado, pode mudar completamente os nossos resultados para o futuro. Devemos viver o hoje e buscar a nossa melhor versão sempre.

Atividades - Dia 25

A forma como você olha para o seu passado pode determinar seu presente.

Passo 1 – Vamos iniciar colocando uma música de que gostamos para tocar.

Passo 2 – Agora, faremos um exercício de respiração: inspire profundamente e solte o ar, preste atenção em sua respiração por alguns minutos e entre em um estado de amor e gratidão, agradecendo por cada parte de seu corpo.

Passo 3 – Imagine que você é o diretor de um filme e que você está sentado em uma sala de cinema. Na tela, está passando uma situação ruim pela qual você passou no passado, porém, diferente do ocorrido e com a consciência que você tem hoje, transforme esse filme, mude seu final. Quando você mudar o final e visualizar o que você gostaria que tivesse acontecido, traga esse sentimento para o seu corpo, pode ser amor, perdão.

Passo 4 – Ainda na sala de cinema, imagine o futuro do jeito que você deseja, assista-se e veja, exatamente, como você quer que seja a sua vida. Observe, fotografe mentalmente esse momento e repita: eu sou merecedor ou eu sou merecedora!

Passo 5 – Imagine que coloca esse sonho em sua mão e imagine-se soltando-o em direção ao céu.

Conte de 1 a 10 e abra os olhos!

Está feito!

Atividades - Dia 25

Exercício da Gratidão

Vamos criar um painel!

Você já ouviu sobre o poder das visualizações, então, vamos criar um painel de sonhos. Separe imagens daquilo que você deseja e monte seu painel, essas imagens podem ser de uma pessoa que você admira, de viagens, dinheiro, amor. Para cada figura que você inserir no seu painel, agradeça e sinta a gratidão, faça sempre com muito sentimento!

Despertar o Divino
Dia 26

Dia 26

Da mesma forma que você entrou na situação em que está hoje, você pode sair dela. Essa é uma verdade!

O amor próprio conecta-nos com o Criador. Nós devemos cuidar de nós mesmos, dos nossos sentimentos, da nossa mente, do nosso corpo, cuidar de cada parte! Não fomos ensinados a isso, mas é verdade, muitas vezes passamos por um problema de saúde, por exemplo, e já pensamos "vou ao médico". Desde criança é assim, qualquer problema é "vou te levar no médico", isso não é errado, você precisa de ajuda sim, mas a pessoa que mais pode te ajudar é você!

Entendendo o seu corpo, a sua biologia e cuidando do seu estilo de vida, alimentação física e mental, evitando o estresse, o sentimento de culpa, de vergonha, baixa autoestima, entre outros, você preserva esse corpo, esse presente do Criador! Não são os médicos que fazem isso, eles podem te auxiliar e orientar, mas, no dia a dia, é você quem passa 100% do tempo consigo mesmo. Muitas são as provas de que você pode mudar a sua biologia, você não está condenado pela hereditariedade, por exemplo. Tenha isto em mente: "não sou condenado a um destino, eu posso escrever minha história!"

Como este assunto é um pouco complexo, acreditamos ser tema para um próximo livro, quem sabe falando sobre cura.

Atividades - Dia 26

Sente-se em um lugar confortável ou faça deitado, como preferir, mas já escolha uma música relaxante. Depois, inspire e solte o ar lentamente, faça isso por 10 vezes, de forma amorosa e relaxando cada parte do seu corpo.

Foque sua atenção em uma mão enquanto relaxa a outra, depois repita com a outra mão, faça isso por alguns minutos e sinta os dois lados do seu corpo entrando em pleno equilíbrio.

Imagine que você está segurando um copo com água em uma das mãos e que você já está há tanto tempo com esse copo que ele fica cada vez mais pesado. Imagine que você já está há um mês com ele na mão e decide soltá-lo, você solta o copo por ele estar muito pesado.

Após soltar o copo, pergunte-se: quais sentimentos eu tenho segurado, por meses ou anos, que têm pesado como esse copo? Quando vierem os sentimentos à cabeça, imagine-os em forma de pedras e escolha soltar essas pedras enquanto repete "Hoje, eu escolho o perdão e escolho soltar tudo que me impede de progredir, de viver a vida de forma mais leve, eu te libero". Solte as pedras sentindo leveza.

Finalize reafirmando o amor que sente por si e que, hoje, você opta por fazer novas escolhas!

Atividades - Dia 26

Atividade da gratidão

A cada dia, vivemos uma nova experiência. Recebemos desafios, mas também recompensas pela nossa evolução. Quando estamos agradecendo, estamos realizando uma reprogramação no nosso cérebro e isso é muito importante, porque sempre estamos emitindo alguma frequência e, em especial, a frequência da gratidão deixa nossa vibração lá em cima.

Que tal agradecer por essa capacidade de cocriar seu futuro, criar a sua realidade? Escreva 5 motivos pelos quais você é grato pelo seu livre arbítrio, ou seja, pela sua capacidade de escolher plantar o que você quer colher:

1º ____________________

2º ____________________

3º ____________________

4º ____________________

5º ____________________

Despertar o Divino
Dia 27

Dia 27

Tudo tem seu ritmo. Há tempo de plantar e de colher. Tudo tem um tempo para germinar e nascer! Pense no seguinte: você não planta uma semente e fica desenterrando-a para ver se já cresceu, certo?

Faça sua jornada pela vida com alegria, faça as suas cocriações com humor, felicidade e equilíbrio, gaste tempo com isso, invista nos seus sonhos, durma bem, descanse e aprenda a relaxar soltando as cordas imaginárias ou regras que você mesmo determinou em sua vida, isso é importante porque a partir do momento em que você determina algo em sua vida, com convicção, você abre seu potencial.

Cuide de seus pensamentos com muito carinho. Aquilo no que você prestar atenção vai expandir em sua vida, tudo flui neste mundo. Organize suas finanças, aumente sua honestidade para que isso retorne a você. O que você quer é o que você deve fazer ou colocar em prática. Há uma fonte inesgotável de coisas boas no Universo e você só precisa conectar-se com elas. Constantemente, as pessoas vibram na escassez por acharem que, por terem nascido de uma forma, vão morrer daquela forma, mas isso já está mais do que provado que não é verdade. Não existem barreiras, somos nós quem impomos determinadas realidades a nós mesmos.

Atividades - Dia 27

Começando um novo dia!

Que tal acordar mais cedo e fazer as atividades do nosso livro?

Lembre-se de que é importante realizar estas atividades por mais de um dia, em média por três dias seguidos, e os melhores horários são na parte da manhã, logo ao acordar, e à noite, antes de dormir.

Começar o dia com uma de nossas atividades é nossa primeira sugestão.

Segunda sugestão: faça um exercício físico, você escolhe a modalidade.

Terceira sugestão: essa é aquela dica que é um "plus" no seu desenvolvimento, você já deve saber que nossa mente inconsciente não dorme, por isso podemos aproveitar a noite para reprogramá-la. Você pode procurar áudios de reprogramação ou gravar um áudio com sua voz, o que será ainda melhor, e deixar rolando a noite toda enquanto dorme.

Atividades - Dia 27

Exercício da gratidão

O exercício de hoje é lindo!

Você será grato por uma música que marcou sua vida. Anote o porquê daquela música ser tão especial. Tenha gratidão pelo cantor, pelo privilégio de ler aquela letra e busque todos os motivos que desejar para agradecer!

Despertar o Divino
Dia 28

Dia 28

Vibrando na aceitação! Espero que você tenha facilidade em aceitar, mas caso não tenha, é só treinar, colocar no seu programa. Aceitar é importante, porque tudo aquilo a que nós resistimos, persiste, porém quando aceitamos, somos capazes de mudar.

Aceite a sua atual condição e agradeça por ela, com isso você já quebra várias crenças e paradigmas de uma só vez. Aceite o seu poder de criar sua realidade, aceite que você tem o dom dado pelo Criador de plantar e colher. Saiba que esse dom foi dado com o livre arbítrio, que é a sua capacidade de escolher.

Mudando sua vibração, conforme vimos, nada pode te parar. Cada um tem a sua própria energia e a energia do outro não pode ter o poder de te parar, por isso, caso ouça algum comentário negativo, deixe isso com a pessoa, a energia dela não precisa interferir na sua.

Às vezes, quando a pessoa está em um estado de vitimização, ela pode achar que na vida dela as coisas não funcionam da maneira que estamos trazendo neste livro, por conta disso é fundamental sair da vitimização. Saindo desse estado, trabalhando a coragem e a aceitação, automaticamente, você entra no estado criativo e as coisas passam a fluir melhor.

Atividades - Dia 28

Sente-se em um lugar confortável ou faça deitado, como preferir, mas já escolha uma música relaxante. Depois, inspire e solte o ar lentamente, faça isso por 10 vezes, de forma amorosa e relaxando cada parte do seu corpo.

Imagine uma atitude que você teve e que não esteja de acordo com a pessoa que você quer ser, pode ser um momento em que você disse algo e que depois pensou que não deveria ter falado daquela forma, por exemplo. Volte àquela situação e agradeça a você por ter agido daquela forma, porque, naquele momento, foi o melhor que poderia fazer. Mas também diga a você mesmo que aquela não é mais a pessoa que quer ser e despeça-se daquela personalidade.

Agora, imagine-se vivendo a mesma situação, mas agindo da forma que você quer ser, amorosa, respeitosa. Visualize-se agindo dessa nova forma e pense que é exatamente essa pessoa que você quer ser, imagine que, a partir deste momento, você já é assim. Treine esse novo hábito até que o novo comportamento torne-se natural.

Atividades - Dia 28

Exercício da gratidão

Como é grande o meu amor (por mim)!

Hoje, você vai até o espelho e vai se declarar para você mesmo. Fale o quanto você se ama e se admira, lembre-se de momentos em que você se sentiu especial e fale, a si mesmo e com muito sentimento, como você se ama, como é grande esse amor que você sente por si mesmo, como é lindo esse ser que você é, um ser de infinitas possibilidades.

Despertar o Divino
Dia 29

Dia 29

Você chegou até aqui! Que sucesso! Que orgulho de você!

Este livro tem como objetivo ser uma caixinha de ferramentas. Sabe quando você precisa consertar algo em casa e pega a ferramenta correta para realizar o conserto? É exatamente sobre isso. Não vivemos em um mundo perfeito, nós não somos perfeitos e devemos aceitar isso. Estamos suscetíveis a cometer erros e o objetivo não é chegar à perfeição, mas sermos melhores a cada dia, sendo assim, as técnicas são de grande ajuda para enfrentarmos as diversas situações que possam aparecer em nossas vidas, elas são nossas ferramentas!

Repita todas as técnicas presentes neste livro quantas vezes você quiser, no seu dia ou em sua vida. Se quiser iniciar os 31 dias novamente, faça isso!

A desativação de programas fixos acontece por meio de novas afirmações, quando repetimos vez após vez, elas começam a se fixar como um novo programa. Por vezes, nosso programa antigo só precisa de melhorias e as técnicas podem ajudar também.

Você pode gravar áudios com a sua voz para ouvir enquanto caminha ou dorme, a sua voz tem uma vibração muito positiva sobre as suas células. Você tem um grande poder dentro de você, ele só está dormindo. Colocamos esse poder pra dormir por um tempo, mas agora é hora de despertá-lo!

Atividades - Dia 29

Exercício da gratidão

Memórias!

Vamos agradecer por nossas memórias. Lembre-se de uma memória de infância, algo engraçado, e agradeça pelo fato de ter se lembrado e por ter vivenciado aquele momento. Escreva todos os motivos pelos quais você é grato, inclusive, pelas pessoas que estavam com você naquele momento. E não se esqueça: faça com muito, mas muito sentimento!

1º____

2º____

3º____

4º____

5º____

Despertar o Divino
Dia 30

Dia 30

Desde muito cedo, nos desconectamos de quem nós somos, adquirimos coisas e associamos nossa existência a elas, mas isso é somente o ego. É comum que isso aconteça, porém devemos ter consciência de que isso pode estar acontecendo.

Como já mencionado, normalmente, é necessário que ocorra uma crise para que despertemos ou que a nossa forma de lidar com as coisas já não funcione mais para decidirmos por uma transformação, mas não precisa ser assim.

A vida é um milagre e, à nossa volta, tudo é muito profundo, nós somos profundos. Como já falamos anteriormente, quem somos vai além do nosso nome, de onde nascemos, onde moramos. Mas perceba que quando você pergunta para alguém "quem é você?", não raras vezes, a resposta vem associada aos bens que essa pessoa possui, por isso há uma infinidade de pessoas que compram, compram e compram sem fim.

E aqui não queremos falar sobre desapego de bens para mostrarmos como somos evoluídos espiritualmente. Vivemos em um mundo onde é necessário termos bens, porém será que determinado bem, ou a falta dele, faz você se sentir superior ou inferior aos outros? Pense nisso! Isso sim é o ego!

Não importa se você tem muito ou pouco, a partir do momento em que você coloca um rótulo em determinada coisa ou pessoa, você passa a ver a vida de forma superficial. Se você for capaz de ser o observador de si mesmo, isso acaba! Observe seus sentimentos mais profundos diante das situações.

Normalmente, quando a pessoa está no final da vida, ela percebe que tudo de que ela precisava sempre esteve ali, dentro dela, não era nas coisas nem nos bens que ela acumulou durante a vida.

Atividades - Dia 30

O passado é uma memória e o futuro ainda não chegou, mas você tem a oportunidade de transformar esse futuro vivendo o agora e plantando sementes.

Abaixo, escreva quem você quer ser daqui pra frente e seja objetivo, pense em quem você quer ser e escreva atitudes que vai mudar a partir de agora.

Depois, feche os olhos e faça, com música ou não, o exercício de respiração durante 5 minutos.

Com os olhos ainda fechados, por mais alguns minutos, comece a pensar nessas novas atitudes, pense com muito amor nesse novo "eu".

Atividades - Dia 30

Exercício da gratidão

Hoje, você se olha no espelho e repete: Eu sou merecedor! Eu sou merecedora!

Escolha 5 motivos pelos quais você é grato por ter escolhido aumentar seu conhecimento, mais do que por qualquer outra pessoa, você deve ser grato por você!

1º______________________________

2º______________________________

3º______________________________

4º______________________________

5º______________________________

Despertar o Divino
Dia 31

Dia 31

Chegou o grande dia! O nosso último dia de jornada! Quem você será a partir de agora? Quem você será quando acordar? Quem você será a partir do momento em que abrir a porta do seu quarto para começar um novo dia? Só você pode escolher!

Não vibre na falta, evite pensamentos como: "eu preciso", "é meu", "eu quero". É o ego que quer sempre mais e mais, é como um vício. Esteja consciente disso e descubra a vida que há dentro de você, olhe além de sua aparência, feche seus olhos e sinta a vida pulsando, sinta seu coração, seus pés, veja que há vida em você!

A vida pode ser consciente. Você já viu alguém que perdeu algo muito caro, um bem monetariamente valioso, e ficou em paz com isso? Isso acontece em raros casos, mas é porque não é o bem que realmente importa para essa pessoa, então se ele se foi, tudo bem. Cada reclamação, cada queixa que fazemos ou a cada vez que culpamos alguém por algo que nos tenha acontecido, é uma história que estamos contando para nós mesmos para nos convencer de que não somos responsáveis por tudo o que nos acontece, deixando evidente que não sabemos o que estamos fazendo de verdade.

Há muitas pessoas que vivem inconscientes durante toda a vida, e quando você se tornar verdadeiramente consciente, vai notar a diferença e vai pensar: eu era assim? Mas lembre-se de que quem permanece na inconsciência não precisa ser considerado inimigo, indesejado. Seja você consciente e essa sempre será sua maior defesa!

Atividades – Dia 31

No espaço abaixo, desenhe a sua nova vida!

Atividades - Dia 31

Exercício da gratidão

Escreva 5 motivos pelos quais você é grato por este livro:

1º____

2º____

3º____

4º____

5º____

Crenças Limitantes

Conforme prometemos, segue abaixo uma lista com alguns exemplos de crenças, as quais podem bloquear a sua vida tão somente pela sua maneira de pensar:

1º Sou muito velho para isso, meu tempo já passou

2º Eu não consigo mudar

3º Não tenho tempo para me cuidar

4º Já é tarde para encontrar meu amor

5º Não consigo parar de comer o que gosto

6º Médico é caro

7º Não tenho dinheiro

8º Fulano é magro de ruim

9º É difícil emagrecer

10º Isso é frescura

11º Emagrecer é sofrer

12º Dieta não funciona

13º Comer corretamente custa caro

14º Isso nunca funciona

15º Já tenho coisas demais pra fazer

16º Não consigo aprender isso

17º Trabalho é só obrigação

18º Não tenho jeito para isso

19º Não sei lidar com dinheiro

20º Quem tem dinheiro não é feliz

21º É difícil conseguir dinheiro

22º Sai mais dinheiro do que entra

23º Tempo é dinheiro

24º Os ricos são gananciosos

25º Dinheiro provoca estresse

26º Para viver, tem que lutar

27º Para economizar, você deve fazer as coisas sem gastar

28º Não é possível ganhar dinheiro fazendo o que se gosta

29º Para a minha vida melhorar, as pessoas devem mudar

30º Não gosto do meu trabalho

31º Não consigo abrir meu negócio

32º Não posso, não consigo e não sei fazer isso

33º Não grite sua felicidade, outros podem ter inveja

34º É mais seguro ficar sozinho

35º Eu preciso de alguém que cuida de mim

36º Tenho dedo podre

37º Relacionamento só dava certo com o meu ex

38º Sempre fico gripado quando saio à noite

39º Se perder peso vou perder as minhas roupas

40º Jogar comida fora é pecado

Quando você diz algo assim, você está decretando a si mesmo que é assim que as coisas serão. Troque crenças limitantes por crenças positivas, tais como: "eu posso" ou "eu sou o sucesso".

Escala das Emoções

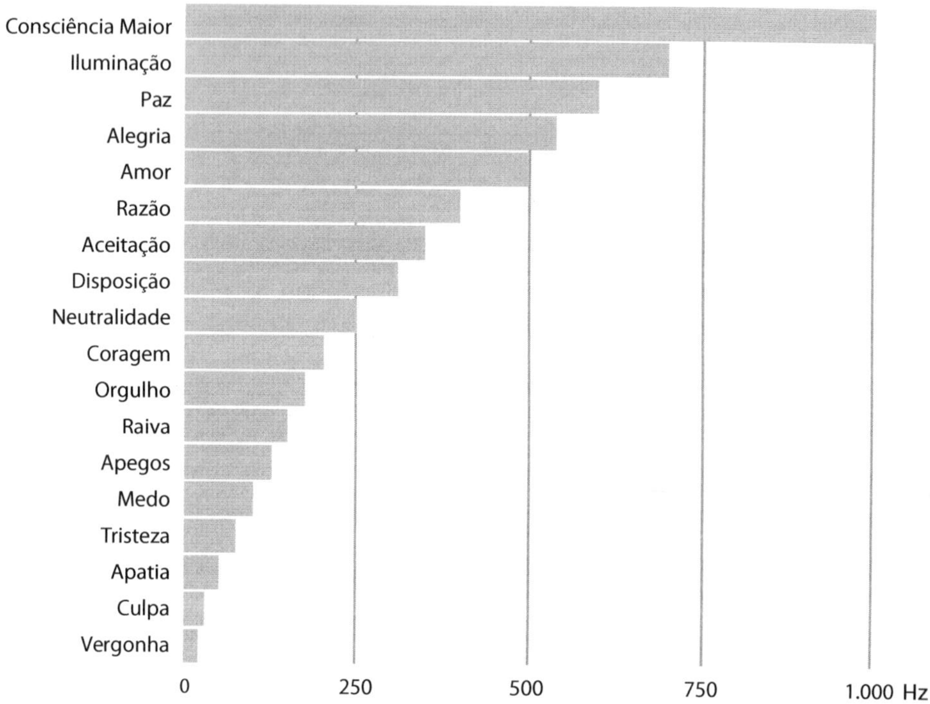

David Hawkins foi um professor, filósofo e médico psiquiatra americano, cujos interesses incluíam também a matemática, economia, educação em ciências da infância e ética, além de ser o criador da tabela ou mapa de consciência.

A medição e a determinação matemática de níveis de consciência dos seres humanos é um dos trabalhos pioneiros e mais interessantes de Hawkins. Tal estudo foi trazido ao público no livro "Poder contra Força: Uma Anatomia da Consciência – Os Determinantes ocultos do comportamento humano". Para simplificar, considerando que tudo emite uma vibração, que tudo é energia e que o nosso Universo é feito de átomos, ele mediu os sentimentos em hertz.

Níveis da Consciência	Níveis de Emoções
Iluminação 700/100 Hz	Indescritível 700/1100 Hz
Paz 500 Hz	Felicidade 500 Hz
Alegria 540 Hz	Serenidade 540 Hz
Amor 500 Hz	Reverência 500 Hz
Razão 400 Hz	Compreensão 400 Hz
Aceitação 550 Hz	Perdão 350 Hz
Neutralidade 250 Hz	Otimista 300 Hz
Coragem 200 Hz	Verdadeiro 250 Hz
Orgulho 175 Hz	Afirmação 200 Hz
Raiva 150 Hz	Desprezo 175 Hz
Desejo 125 Hz	Ódio 150 Hz
Medo 100 Hz	Súplica 125 Hz
Tristeza 75 Hz	Ansiedade 100 Hz
Apatia 50 Hz	Arrependimento 75 Hz
Culpa 50 Hz	Desespero 50 Hz
Vergonha 20 Hz	Ofensa 30 Hz
	Humilhação 20 Hz

Observando a tabela acima, onde o Hz significa hertz, entendemos quais são os sentimentos com as maiores vibrações. Para começarmos a criar e viver em harmonia, devemos vibrar em 500 hertz, que é o nível de vibração do amor. Concorda que, se vibramos amor em 500 hertz, não é possível vibrarmos em 150 hertz, no nível da raiva?

Esse é o desafio: vibrar e manter!

Mensagem Final

É para ficar feliz e comemorar muito por ter finalizado esta jornada dos 31 dias!

A pergunta é: vamos continuar? Vamos recomeçar os exercícios?

Nós queremos continuar te auxiliando!

Com esta jornada, esperamos que você tenha compreendido que não há destino, somos nós quem determinamos nosso futuro. Que seu passado tenho ficado para trás e sirva apenas como aprendizado para que você não crie mais do mesmo no seu futuro. Viva o novo!

A seguir, traremos propostas rápidas para que você viva esse novo da melhor forma possível!

Sabe aquelas pessoas que falam "eu sabia que isso iria acontecer" quando algo ruim lhes acontece? No fundo, elas sabem mesmo, porque elas criam o futuro com base no passado já vivido. Para mudar isso, viva o novo, mude sua personalidade! É para isso que temos tantas ferramentas neste livro, repita e repita por muitas e muitas vezes os exercícios. É importante a repetição para que suas decisões no dia a dia comecem a refletir de fato o que você quer no futuro, são essas sementinhas que você planta todos os dias que irão transformar a sua mente e a sua vida.

Cada perdão, cada mágoa limpa é como um bloco que você está colocando na sua nova casa chamada corpo e mente. Dessa forma, você vai começar a competir com você mesmo para que, a cada dia, você se torne melhor do que a pessoa que foi ontem. Esse é o seu compromisso com você mesmo, o seu autocuidado.

Que você não julgue o universo do outro, cada um tem uma história sobre a qual sabemos muito pouco ou nada, e nossas pequenas palavras e experiências nem sempre serão capazes de compreendê-la. Por outro lado, mostre empatia pelo outro ser humano em construção, deseje o sucesso, saia de casa desejando sucesso para todos que você encontrar no seu caminho, não precisa falar, só sentir e desejar mentalmente, porque tudo o que desejamos para o outro é o que queremos para nós também.

Lembre-se de que quem fere também está ferido por dentro, então compreenda alguém que esteja bravo e cruze o seu caminho, ninguém nos incomoda, só somos incomodados por aquilo que está em nós também. Julgamento nada mais é do que o espelho de quem somos, então vamos transformar no nosso interior aquela emoção incômoda, já que não temos como jogá-la fora, somente como transformá-la.

Eleve o amor genuíno a todas as pessoas, isso sim vai mudar a sua vida de fato.

Entenda que nem tudo é o que parece ser, muitas vezes, estamos vivenciando a vida por meio das nossas experiências do passado, não é a realidade que de fato é, por isso, sempre critique e duvide de seus pensamentos. Criamos muitos paradigmas, os quais trazemos de nossos familiares e de outras pessoas que passaram por nossas vidas.

Muitas coisas estão na nossa vida porque escolhemos de forma consciente ou inconsciente. Que tenhamos a responsabilidade e a autonomia para decidirmos mudar, ou melhor, para transformarmos quem somos. Para isso, realize os exercícios todos os dias de sua vida, principalmente o da gratidão. Se o livro não tem mais espaço para escrita, que tal um caderno da gratidão ou um pote com bilhetinhos para escrever as gratidões? Use a imaginação, o importante é não deixar de agradecer e sentir a gratidão.

Não queira controlar nada nem ninguém, os amigos podem mudar, tudo pode mudar, o trabalho, a condição do mundo. Aceitar esse fato ajuda-nos a sermos mais felizes. Pensar positivo não basta, é preciso sentir positivo, vibrar positivo. Quando sair na rua, pense: o que eu estou vibrando hoje? Alegria? Amor? Tristeza? Lembre-se de que o que você estiver vibrando é o que receberá mais.

Falamos de polaridade, então pense no seguinte: se você está em uma situação difícil, com muitas dívidas ou algo semelhante, pense que você é capaz de mudar essa polaridade, existe o outro lado.

Coloque-se no lugar do outro sempre (e com empatia). Ele está em outro estado de consciência, o mundo do outro é um universo que não conhecemos, não somos capazes de julgar o outro somente pelo que vemos.

Tenha clareza nos seus objetivos. Qual é o seu objetivo? Pense nele com muita clareza. Aqui no livro, propomos, por exemplo, que você desenhe a sua vida futura, como você se vê daqui a alguns anos. Pense "o que eu faço, hoje, que me deixa mais próximo do meu objetivo?"

Agradeça mais, aceite as situações e os outros, perdoe quem está querendo perdão.

Quando não estamos satisfeitos conosco, nada que alguém faça muda esse sentimento de insatisfação, é como um buraco sem fundo, tudo vem e some, então, ame-se.

Não pare a sua evolução, cuide do seu merecimento. Estude todos os dias e jamais abandone esse hábito.

Outras publicações do ILC

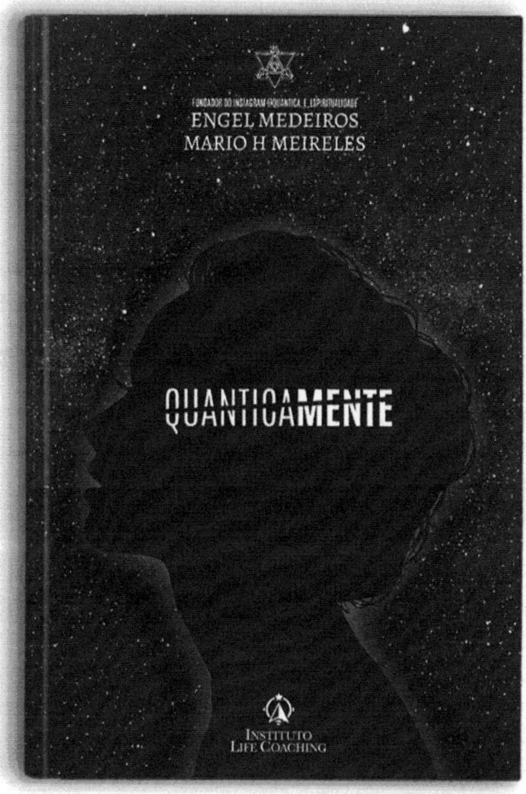

Título: QuanticaMENTE: Pensamentos quânticos para a iluminação interior. (2020)

Tema: Metafísica, Ciências Humanas

Sinopse: - Quanticamente é um livro repleto de textos e inspirações para elevar o pensamento e o olhar do leitor ao nível de compreensão quântica da realidade. A realidade cuja natureza é objeto de discussão de inúmeros filósofos e pensadores através dos séculos.

Hoje, com este livro, o leitor encontra um refinado arsenal de insights e pensamentos aplicáveis às situações cotidianas.

Uma leitura leve, prazerosa e enriquecedora.

Uma leitura, exatamente, como o Universo que habitamos: abundante e plena!

Outras publicações do ILC

Título: Manifestação – Aprenda a manifestar seus desejos com o Coaching e a Lei da Atração. (2019)

Tema: Metafísica e Desenvolvimento Pessoal

Sinopse: Muito fala-se sobre a Lei da atração.

Como utilizá-la, de forma eficiente, porém, é um desafio.

É preciso aprender e aplicar o processo na prática.

Este livro traz exercícios e processos simples para o Leitor entender e aplicar a poderosa Lei da Atração.

Nele há também um guia para um programa de 30 dias que, se seguido, colocará a vida do leitor novamente no rumo da manifestação de seus desejos.

É hora da criação. É hora da manifestAÇÃO.

Outras publicações do ILC

Título: LIFE DESIGN – Como assumir o controle e criar a vida dos seus sonhos. (2019)

Tema: Coaching Pessoal, PNL, Psicologia, Ansiedade.

Sinopse: O Livro LifeDesign é a manifestação de um sonho!

Imagine se conectar, e conversar, com 12 especialistas em áreas importantes da vida. Pessoas que vivem e dedicam suas vidas a ajudar outras pessoas, profissionais e até empresas, a terem resultados excepcionais em cada uma dessas áreas.

Apoiado na roda da vida, ferramenta que serve de base para todo processo de Coaching, o leitor poderá avaliar o seu momento atual, encontrar as áreas que precisam de atenção e, com o apoio do especialista daquela área, encontrar estratégias, exercícios e atividades que o fará alcançar o estado desejado para suas áreas mais desafiadoras, além de elevar sinergicamente sua performance global.

Outras publicações do ILC

Título: LIFE COACHING – Equilibrando as 7 áreas fundamentais da vida. (2015)

Tema: Coaching Pessoal, Felicidade e Bem-estar.

Sinopse: Sua vida já esteve uma bagunça tão grande que você não soube por onde começar a arrumar a casa? Então este livro é perfeito para você. Ele foi pensado para as pessoas que estão tendo seu primeiro contato com o Coaching de Vida (Life Coaching) ou já tiveram algum contato, mas não atingiram seus resultados.

Título: LIFE COACHING Vol. 2 – Ansiedades, medos, bloqueios e a vitória pessoal. (2016)

Tema: Coaching Pessoal, PNL, Psicologia, Ansiedade.

Sinopse: Será que você está, neste momento, assim como milhares de pessoas, querendo mudar de vida, mas alguma coisa inexplicável simplesmente está te impedindo? Então este livro é perfeito para você. Vamos entender – e eliminar – forças inconscientes que mantêm você estagnado, patinando e sem progresso na vida. Você merece uma vida feliz e plena. O grito de liberdade está próximo. É hora da vitória.

Outras publicações do ILC

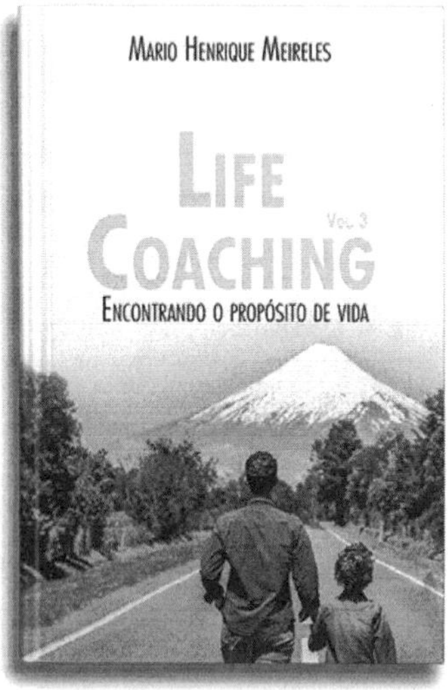

Título: LIFE COACHING Vol. 3 – Encontrando o propósito de vida. (2018)

Tema: Coaching Pessoal, Propósito de Vida, Motivação, Felicidade.

Sinopse: Este livro traz uma promessa poderosa: felicidade plena e uma vida com sentido. Para cumprir esta promessa conduziremos o leitor em uma viagem sincera para dentro de si mesmo, buscando um reencontro legítimo com seu eu original.

Você carrega dentro de si uma missão a ser distribuída durante toda a sua caminhada pela vida. Chegou a hora de encontrá-la e assumir o seu lugar.

Título: À Prova de Crise – Um guia de Coaching para o empoderamento pessoal e profissional (2016)

Tema: Coaching de Carreira e Profissional

Sinopse: À PROVA DE CRISE é um livro que transformará a sua carreira. Embasado nas técnicas e conhecimentos do Coaching Profissional, seus autores agregam influências da psicologia positiva e do Life Coaching, ampliando, assim, o olhar sobre o que realmente torna um profissional em alguém indispensável para a sua organização.